Tijs van den Boomen

De markthal voor
voor
Amsterdam

Van dagelijkse boodschappen tot funshoppen

fosfor

Overvloed

Amsterdam is dé marktstad van Nederland. Nou bluffen Amsterdammers wel vaker, maar op dit punt is geen twijfel mogelijk. Elke week staan er ruim zevenduizend marktkramen opgesteld, terwijl Rotterdam, Den Haag, Utrecht en Eindhoven samen nog niet eens aan de zesduizend komen.

Toegegeven, de Haagse markt is de grootste van het land, maar die staat er slechts vier dagen per week. Nee, dan de Cuyp: zes dagen per week en niks geen overdekte units zoals in Den Haag, gewoon klassieke kramen van planken en zeildoek, in weer en wind. En de Cuyp is nog maar een van de zeven dagmarkten van Amsterdam.

In het voorjaar van 2015 struinde ik voor *Het Parool* de markten af. De serie bracht me in alle hoeken van de stad, van de Lindengracht, waar misschien wel de beste markt van Amsterdam staat, tot Reigersbos, waar je onder de poten van het metrostation de minst bekende markt vindt.

Markten zijn fascinerend, vond ook uitgever Jeroen van Bergeijk. Hij wilde er graag een boekje van maken, maar op één voorwaarde: dan moesten ook letterlijk alle markten erin staan. Dus niet alleen de klassieke 'algemene warenmarkten' die ik had bezocht, maar ook de biologische markten, zondagsmarkten, rommelmarkten, ambachtelijke markten, bloemen- en plantenmarkten, kunstmarkten. En of ik vooral ook de stoffenmarkt en de postzegelmarkt niet wilde vergeten.

Nou ben ik een groot liefhebber van markten, maar het ontbrak me aan tijd om alle 35 markten af te speuren op zoek naar de beste tips, dus schakelde ik een handvol collega's in. En was verbaasd over het rijkgeschakeerde beeld dat dat opleverde.

Neem de zondagse markt op het Museumplein, waar ik tot nu toe altijd mijn neus voor had opgetrokken, maar die minstens zo leuk is als de Local Goods Market in De Hallen. En vlak de postzegelmarkt op de Nieuwezijds niet uit, waar een vast groepje hangouderen standhoudt. Of die in Osdorp, waar je achter het winkelcentrum de meest dinsdagse markt van de stad vindt.

De gids is geordend per stadsdeel en begint steeds met een reportage van een karakteristieke markt. Deze reportages stonden eerder in *Het Parool*. De korte marktprofielen die daarna komen zijn nieuw, van het haventje van IJburg, waar de jongste markt van Amsterdam staat, tot de Zuidermarkt, de coöperatieve markt van Oud-Zuid.

De gids is dus niet alleen een marktgids, hij biedt ook een staalkaart van de stad. Op vakantie zoeken mensen graag de markt op om een stad echt te leren kennen. Nou, in Amsterdam werkt dat niet anders. Eropuit dus.

En nog iets: heb je de smaak te pakken gekregen? Dan kun je
natuurlijk een stap verder gaan en zelf op de markt gaan staan. Zie
pagina 122 voor een korte handleiding.

Tijs van den Boomen

INHOUD

Overzichtskaart markten   binnenzijde voorflap
Overzicht markten per dag en soort   binnenzijde achterflap

Vooraf – *Overvloed*   3

Centrum
Reportage – *'Bremzout, moddervet en peperduur'*   12
Amstelveld Plantenmarkt – *Groene oase*   16
Haarlemmerplein – *Rond klaterende fonteinen*   18
Lindengracht – *Misschien wel de beste*   20
Nieuwezijds Postzegel- en muntenmarkt
  – *Hangplek voor ouderen*   22
Nieuwmarkt – *Buurtmarkt in het toeristisch epicentrum*   24
Noordermarkt – *Oudste boerenmarkt van Nederland*   26
Rembrandt Art Market – *Moderne kunstmarkt*   28
Singel Bloemenmarkt – *Tourist trap*   30
Spui Boekenmarkt – *Goede boeken, fijne prenten*   32
Waterlooplein – *Oude en nieuwe scharrelaars*   34
Westerstraat Stoffenmarkt – *Van Jordanees tot hoofddoekje*   36

Nieuw-West

Reportage – *Openluchtsupermarkt*	40
Lambertus Zijlplein – *Eindpunt lijn 13*	44
Plein '40-'45 – *Openluchtbazaar*	46
Siermarkt – *Efficiënt boodschappen doen*	48
Tussen Meer – *Osdorp op z'n dinsdagst*	50

Noord

Reportage – *Bikkelende kooplui*	54
Buikslotermeerplein – *Tussen de parkeervakken boven het IJ*	58
Pekmarkt – *Oude en nieuwe Noorderlingen*	60

Oost

Reportage – *De eeuweling*	64
Dappermarkt – *De meest volkse van Amsterdam*	68
Pure Markt – *Markt in het groen*	70
Reuring – *Idyllisch aan het water*	72
Van Eesterenlaan – *Biologisch buurtmarktje*	74

West

Reportage – *Het familiebedrijf*	78
Bos en Lommerplein – *Misschien wel de goedkoopste*	82
Mercatorplein – *De markt van Jan Eef*	84
Ten Katemarkt – *Buiten De Hallen*	86
Westergasterrein NeighbourFood Market – *Ambachtelijk eten*	88

Westergasterrein Sunday Market
  – *Conceptueel, maar toch relaxed* 90

Zuid

Reportage – *Chagrijn & optimisme* 94
Albert Cuypmarkt – *Oude roem* 98
Minervaplein – *Biohoekje op monumentaal plein* 100
Museum Market – *Charmante toeristentrekker* 102
Stadionplein – *Bivakkeren op tijdelijke stek* 104
Zuidermarkt – *Buurtgevoel met bubbels* 106

Zuidoost

Reportage – *Exotische verdeeldheid* 110
Anton de Komplein – *Bijlmer-nieuwe-stijl* 114
Ganzenhoef – *Zwart met een wit randje* 116
Kraaiennest – *Onder de metro* 118
Reigersbos – *Het best bewaarde geheim van Amsterdam* 120

Tot slot – *Zelf de markt op* 122

Medewerkers 126

'Bremzout, moddervet en peperduur'

'Dit is gewoon een fijne markt met vriendelijke kooplui', zegt Yvonne, terwijl ze de overrijpe mango's, gebutste tomaten en verlepte sla inspecteert die achter de kramen op een hoop zijn gegooid. 'Op de Cuyp stampen ze de spullen nog liever kapot dan dat wij er wat aan zouden hebben. Dat is zo'n gebrek aan respect.' Bijna elke zaterdag komt ze aan het einde van de middag naar de Lindengracht. Aanvankelijk uit geldgebrek en uit protest tegen de voedselverspilling, inmiddels heeft ze een baan en komt ze vooral voor de gezelligheid, even bijkletsen met de andere *dumpster divers* en tussendoor wat eten scoren.

De Lindengracht lijkt misschien nog wel het meest op het klassieke beeld dat Amsterdam van zijn markten koestert: gevarieerd aanbod, bijdehante kooplui – 'Of onze ham niet te zout is? Hij is bremzout, moddervet en peperduur' –, gezellig druk en een hoop cafés om even aan te leggen. Het geheim? De Lindengracht slaagt er als enige in om drie verschillende groepen te bedienen: Jordanezen, toeristen en yuppen – alhoewel de kooplui de laatsten openlijk niet snel zo noemen. Onder elkaar bezigen ze het als scheldwoord, als ze netjes willen zijn hebben ze het over 'de grachtengordel' of 'de nieuwe Jordaners'.

Dennis van De Nootzaak Gotjé, de kleinzoon van Jantje Pinda die hier vlak na de oorlog begon: 'Tante Sjaan kocht een half pond walnoten voor d'r papegaai, de grachtengordel koopt maar een onsje, maar wel van elke soort een onsje.' Het gaat hem goed: zijn verkoopwagen is vier kramen lang en achter de toonbank staan de hele dag tien man te buffelen. 'Vroeger was de markt wat voor randdebielen, als je echt niks kon, dan werd je taxichauffeur of marktkoopman. Die tijd is voorbij, je moet nu echt wat te bieden hebben.'

De combinatie van drie soorten klanten biedt vele kansen: zo is aardappelboer Sander van Riel in trek bij Jordanezen en yuppen – 'die kopen alles wat duur en apart is' –, Robert 't Riet mikt met zijn Engelstalige tweedehandsboeken op toeristen en yuppen, en de snuisterijen van Daphne Jewelry vinden hun weg naar Jordanezen en toeristen. En op het terras van Menno Fluks, een paar biertafels tussen de kramen, schuift iedereen aan voor erwtensoep en broodjes beenham. Ook poffertjesbakker Henk Bos verkoopt aan alle drie de groepen. Aan Jordanezen en toeristen, dat snap je meteen, maar aan yuppen? 'Die hechten heel erg aan Hollandse tradities, dus ze laten hun kinderen hier poffertjes eten.'

Toch is de Lindengracht in één opzicht niet typisch Amsterdams, want allochtonen, de vierde grote doelgroep van de markten, zie je hier bijna niet en dat geldt niet alleen voor de klanten, maar ook voor de kooplui.

De gestage stroom klanten zorgt dat er op de Lindengracht voor marktbegrippen opvallend weinig wordt gekankerd op 'de ambtenaren'. Een paar jaar geleden probeerde de gemeente de touwtjes strakker aan te trekken, maar de inderhaast opgerichte marktcommissie protesteerde. 'Sinds de rust is weergekeerd, hoeven wij als comité nauwelijks meer bij elkaar te komen', zegt Gotjé. Er werden plannen gesmeed om gezamenlijk reclame te maken, maar die stierven een stille dood: 'Kijk, iedereen heeft zijn eigen mening, dus daar kom je niet uit.' Zonder gezamenlijke externe vijand blijven de marktkooplui hopeloos verdeeld.

Eensgezindheid is ook niet nodig, de Lindengracht profiteert ook zo wel van haar gunstige ligging tussen twee publiekstrekkers: de Noordermarkt aan de ene kant, de Haarlemmerstraat en -dijk aan de andere. Zelfs de staart van de markt, aan de kant van de Lijnbaansgracht, leeft er door op. Hier krijgen alternatieve kramen een kans die voor de Noordermarkt niet biologisch genoeg zijn, zoals TheosTuin, of die juist vinden dat het nog veel strenger moet, zoals Christian, die zijn kazen via zijn ouders uit de Franse Alpen haalt. 'In Nederland is zoveel gif gespoten, daar kun je niks biologisch meer telen.' Zijn kraam staat tegenover die van een Spakenburgse, die drie Franse kaasjes voor vijf euro verkoopt.

Voor tips en facts zie pagina 20.

CENTRUM

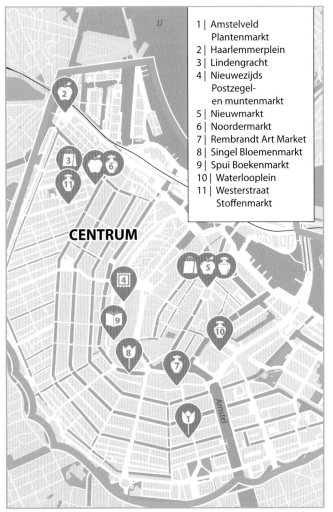

1 | Amstelveld
Plantenmarkt
2 | Haarlemmerplein
3 | Lindengracht
4 | Nieuwezijds
Postzegel-
en muntenmarkt
5 | Nieuwmarkt
6 | Noordermarkt
7 | Rembrandt Art Market
8 | Singel Bloemenmarkt
9 | Spui Boekenmarkt
10 | Waterlooplein
11 | Westerstraat
Stoffenmarkt

CENTRUM

AMSTELVELD PLANTENMARKT

De fleurigste markt van Amsterdam is zonder twijfel het Amstelveld op maandag. Kwekers uit de (wijde) omgeving stallen wekelijks hun planten en bloemen uit op het pleintje naast de in 1670 als noodkerk gebouwde, houten Amstelkerk. Zo creëren ze onder de vleugelnootbomen een groene oase op een van de mooiste pleinen van de stad.

Hartje winter is er geen markt, maar zo grofweg tussen februari en november vind je hier prima betaalbare planten voor binnen en buiten, voor het balkon en de volkstuin. Ook al zweren liefhebbers bij de hoge kwaliteit van het groen, veel Amsterdammers lijken de bescheiden markt gek genoeg niet eens te kennen. En toeristen vind je hier, anders dan op de tegenhanger op het Singel, nauwelijks. Een goed bewaard geheim dus. [RdL]

Tips

- De stadsboer(in) met ambitie haalt hier sla- en andere groenteplantjes voor de moestuin op het balkon.
- Mei-juni is de mooiste tijd van het jaar om hebberig tussen de bloeiende papavers, dahlia's, petunia's, lupines, geraniums, lavendel, rozenstruiken en hortensia's te lopen.
- Sta even stil bij het standbeeld van Kokadorus, een marktkoopman van Friese komaf die voor de oorlog de beroemdste standwerker van Amsterdam was. Op het Amstelveld is hij vereeuwigd terwijl hij bretels aan de man brengt: 'Zó goed! Om je schoonmoeder aan op te hangen!'

Facts

- Plaats: Amstelveld
- Dagen: maandag, 9–15 uur
- Aantal kramen: ongeveer 20
- Openbaar vervoer: tram 4 (Prinsengracht)
- Opgericht: het Amstelveld is al eeuwen in gebruik als markt, tegenwoordig alleen als plantenmarkt
- Website: facebook.com/ Amstelveld-Plantenmarkt

HAARLEMMERPLEIN

Dit marktje, waar je ook zomaar lekker kunt zitten op een van de vele banken, vormt het logische eindstation (of beginpunt) van de Haarlemmerstraat, die de afgelopen jaren is uitgegroeid tot een geliefde plek voor foodies.

Het is moeilijk voorstelbaar dat hier pas zeven jaar markt wordt gehouden en dat er dus bijna vier eeuwen (van 1612 tot 2008) niets met het plein gebeurde. Het Haarlemmerplein was namelijk anders dan zijn broers de Noordermarkt en de Westermarkt van oudsher geen markt, maar een wagenplein: hier werden de karren geparkeerd die de stad niet in mochten.

De officiële marktstatus mag het Haarlemmerplein dan nog steeds niet hebben, de sfeer rond de vijftien open stallen en verkoopwagens die zich hier elke week verzamelen is er niet minder om.

In een cirkel om de fonteinen, waartussen op zonnige dagen joelende peuters hollen, vind je uitstekende boeren- en biologische eetwaren. Veel groente en fruit, kwaliteitsvlees en -vis, kaas en zuivel, aardappelen in alle soorten en maten, lekker brood, plantjes en kruiden, hummus en olijven: loop een rondje en je hebt alle boodschappen voor een week binnen. [RdL]

Tips

- Heerlijk veel verschillende boerenkazen van de familie Janmaat uit Woerden.
- Aardappelspecialist Van Riet's heeft van alles, waaronder blauwe truffelaardappels.
- Lastig kiezen uit de vele olijven, het gedroogd fruit en de hummussoorten bij Jermoumi Olives & More.

Facts

- Plaats: Haarlemmerplein
- Dagen: woensdag, 10–17 uur
- Aantal kramen: 15
- Openbaar vervoer: tram 3 (Haarlemmerplein)
- Opgericht: 2008
- Website: facebook.com/ HaarlemmerpleinMarkt

LINDENGRACHT

Amsterdamser dan de Lindengracht vind je ze niet, dit is een markt zoals een markt bedoeld is: een combinatie van de prijzen van de Ten Kate, de kwaliteit van de Noordermarkt en het bijdehante van de Cuyp.

De Lindengrachtmarkt staat nog net niet onder monumentenzorg, maar de gemeente heeft al wel een verbod op verkoopwagens uitgevaardigd: behalve de vis- en de notenboer staat iedereen hier gewoon onder een kraampje met een wit zeiltje.

Parkeren is een drama, klagen de kooplui, je betaalt hier de hoofdprijs. Toch komen de Jordanezen die naar Purmerend en Almere zijn verhuisd op zaterdag massaal naar de Lindengracht om hun oude rondje over de markt te maken. En daarna een afzakkertje bij Café De Zon of De Kat in de Wijngaert. Maar ook de grachtengordel komt er graag, die doet zich na afloop te goed bij Ristorante Toscanini. En de dagjesmensen? Geen zorgen, het is nog geen kwartier lopen naar Centraal. [TvdB]

Tips

- De Groene Griek, met feta rechtstreeks geïmporteerd uit Lesbos en Grieks bier (maar dat mogen ze officieel alleen verkopen als ze op de Sunday Food Market staan).
- Dierenbenodigdheden van Bakker, onder andere gevriesdroogde varkenssnuiten, gerookte botten en gedroogde runderlong.
- Sharar Cohen met zijn broodje falafel gemaakt van tuinbonen met Jemenitische saus. Je moet geen haast hebben want Sharar, die net zijn verblijfsvergunning kreeg, moet het doen met een kleine friteuse.

Facts

- Plaats: Lindengracht
- Dagen: zaterdag, 9–17 uur
- Aantal kramen: 179
- Openbaar vervoer: tram 3 en 10 (Marnixplein)
- Oprichtingsjaar: 1913

NIEUWEZIJDS POSTZEGEL- EN MUNTENMARKT

Een markt kun je het met de beste wil van de wereld niet meer noemen, want de ooit zo levendige postzegel- en muntenmarkt op de Nieuwezijds Voorburgwal telt op woensdag welgeteld twee kraampjes: de stalletjes van Cor (munten) en Freek (postzegels). De clientèle van het duo bestaat uit een vaste groep oudere verzamelaars. Zoals de 87-jarige meneer Van Geelen, die de markt al sinds 1943 tweemaal weeks frequenteert: 'In feite is het hier een hangplek voor ouderen.'

Er heerst hier een ons-kent-ons sfeertje. Favoriete gespreksonderwerpen zijn de minachting van de gemeente voor het wel en wee van de marktkooplui en uiteraard het gebrek aan belangstelling bij de jeugd voor de filatelie en de numismatiek. Dat alles weerhoudt Cor en Freek, alsmede het groepje hangouderen, er overigens niet van de nieuweling met open armen te ontvangen. Toon een greintje belangstelling voor deze uitstervende hobby's en je belandt in een warm bad.

De postzegel- en muntenmarkt is een van de oudste markten van Amsterdam. Doodzonde als ze zou verdwijnen, dus doe Cor en Freek – en jezelf – een plezier en bezoek de twee kraampjes tijdens de lunchpauze. Op zaterdag is de markt met zes kramen overigens iets omvangrijker. [JvB]

Tips

- Cor Smit van Smit Munten-handel is een van 's lands beste muntenhandelaren, toeristen uit Rusland en China komen ervoor naar Amsterdam. Moedig hem aan en hij laat je de bizarste munten zien: vierkante Japanse, uiterst zeldzame euro's uit Monaco en Russische 'roebels' uit de twaalfde eeuw.

Het kraampje van de Utrechter Freek ('ik hou in mijn eentje de Amsterdamse postzegelhandel overeind') is dé verzamelplek voor postzegelverzamelaars. Topdrukte tijdens lunchtijd.
- In Café Diep op Nieuwezijds Voorburgwal 256 worden de echte zaken gedaan. Op marktochtenden worden er de zeldzaamste zegels verhandeld.

Facts

- Plaats: tegenover Nieuwezijds Voorburgwal 280
- Dagen: woensdag en zaterdag, 10–16 uur
- Aantal kramen: 2–6
- Openbaar vervoer: tram 1, 2 en 5 (Dam/Paleisstraat)
- Opgericht: 1917

NIEUWMARKT

De Nieuwmarkt wordt al vier eeuwen gebruikt als marktplein. Ze vormt een oase van rust in het drukke centrum, aan de zuidpunt van Amsterdams Chinatown – daarom staat de markt ook in het Chinees op de straatnaamborden. Doordeweeks staan er aan de westzijde van het plein tussen de vijf en de acht kramen, met klassieke marktwaar als groente, kaas, bloemen en een visje. Vooral Amsterdammers uit de buurt komen er even boodschappen doen en tegen de kooplui aanpraten. De bloemenvrouw staat er al vijftien jaar; de groenteman ruim dertig.

Zaterdags is er een biologische markt achter de doordeweekse kraampjes. Denk aan verse frambozen, paddenstoelen, hete pepers, granen en peulen. Zondags is er een brocante markt, waar naast oude elpees, sieraden en vintage kleding veel kekke sjaaltjes, leren tassen en hoeden en petten worden verkocht. [CB]

Tips

• Raspberry Maxx. Op zaterdag staat er een kraam helemaal gewijd aan de framboos. Je kunt het zo gek niet bedenken: frambozentaart, frambozenmosterd, frambozensalade en zelfs een frambozenontbijt. De

frambozen komen van Maxx' eigen biologische frambozenkwekerij in Meijel (tussen Eindhoven en Venlo). Ze staan die dag ook op de Noorder- en Zuidermarkt.

- De Ouwehoeren. Wie op zondag naar de brocante markt gaat, loopt een gerede kans de dames Fokkens achter hun kraampje te treffen. De voormalige prostituees verkopen hun schilderijen, boekjes en andere creaties.

Maar wees gewaarschuwd als je een praatje aanknoopt: de dames kakelen honderduit.

- Amazing Oriental. Aziatische toko op nummer 27 waarmee de Nieuwmarktbuurt haar bijnaam Chinatown eer aandoet. Tussen de smalle gangpaadjes vullen (vooral Chinese) Amsterdammers hun mandjes met oriëntaalse producten zoals noedels, zeevruchten, Dim Sum en Chinese groenten.

Facts

- Plaats: Nieuwmarkt
- Dagen: maandag t/m zaterdag, 9–18 uur; zaterdag tevens biologisch, 9–16 uur; zondag brocante, 9–17 uur (april-oktober)
- Aantal kramen: 5 – 8 kramen (op zaterdag ongeveer 40, op zondag 50)
- Openbaar vervoer: metro 51, 53, 54 (Nieuwmarkt)
- Oprichtingsjaar: begin zeventiende eeuw was hier al een markt en werden er 'ten aanschouwe van het volk' lijfstraffen voltrokken.

ma di wo do vr za zo   ✗ ✗ ✗

NOORDERMARKT

Aan de voet van de Noorderkerk staat elke zaterdag de boerenmarkt – al bijna dertig jaar. Veel verse waar uit de streek, het meeste biologisch, al is het soms moeizaam schipperen tussen de rekkelijken en de preciezen. De kruidenplantjes en snijbloemen van kwekerij Arriën, bij de entree van de markt, zijn niet allemaal biologisch, maar wel feestelijk.

Loop langs de kramen vol met alle goeds wat de aarde oplevert aan groente, vruchten en granen, aan zuivel en vlees – en alles wat je daarvan kunt maken. Mooi vers en zuiver spul, dat zijn de kooplui aan hun stand verplicht, en dat mag ook wel, want goedkoop is het allemaal niet.

De markt loopt over in een deel vol brocante – kleding en meubels, bontjassen, sieraden, servies en bestek, boeken, kunst en huisvlijt – van over de hele wereld. Begin je tocht bij de brocanterie, koop dan pas de verse waar en sleep de buit snel mee naar huis. [PdB]

Tips

- Vis van het seizoen uit de Wadden- en Noordzee, duurzaam en voor een eerlijke prijs. Dat krijg je bij de kraam van De Goede Vissers. De haring is stevig en vol en kost net als elders 2,25 euro. De oesters hebben een eigen kraam: in de beginjaren gingen er vijf per dag weg, inmiddels een paar honderd.
- Paarsgesteelde ridderzwam, pompon blanc, truffel. Bij Portabella koop je wilde paddenstoelen van het seizoen en, het jaar rond, gekweekte uit Nederland. Proef een geurig versgebakken tapasbakje vol en je bent verkocht.
- Lievevrouwebedstro-ijs, je weet niet wat je proeft. De IJsmakerij is een aanwinst voor de markt, de jonge kok zit vol experimenteerlust. 's Winters serveert hij soep. En altijd verse filterkoffie.

Facts

- Plaats: Noordermarkt (Marnixplein)
- Dagen: zaterdag, 9–16 uur
- Aantal kramen: 64
- Openbaar vervoer: tram 3 en 10
- Oprichtingsjaar: 1987
- Website: boerenmarktamsterdam.nl

REMBRANDT ART MARKET

De kramen op het Rembrandtplein staan netjes in het gelid en de kunstenaars bieden hun kunst ordelijk en verfijnd aan. De ballotagecommissie selecteert dan ook streng wie hier mag staan.

Volgens voorzitter Jan van der Woning is deze kunstmarkt niet echt een markt, maar meer een 'community'. De mensen die hier hun kunst verkopen moeten binnen die gemeenschap passen. Bovendien moet hun kunst 'kwaliteit genoeg hebben om verkocht te kunnen worden'. Hoe ze dat meten? Als niemand het koopt, heeft het wellicht geen kwaliteit genoeg. Maar kunst die te commercieel is – 'iemand die alleen Amsterdamse gevels schildert' –, is ook niet welkom.

Een laatste criterium is eigenzinnigheid en originaliteit. Niet meer dan één kunstenaar met, pak 'm beet, geschilderde olifanten. Want het is een kleine markt en het aanbod moet gemêleerd blijven. Dat lukt uitstekend. [CB]

Tips

- Jan van der Woning, de grote roerganger van de markt, staat er al een kleine tien jaar. Hij is fotograaf en heeft klassieke panorama's te koop voor pakweg 250 tot 300 euro. Meer experimenteel werk zijn de *super high res* panorama's tot 396°. Kortom, 36° in herhaling, om de transformatie van ruimte en tijd weer te geven.

- Mathias Modern Art. Zijn schilderwerken zijn kleurrijk en doen denken aan de druiptechnieken van Jackson Pollock. Door de slierten verf heen zie je het echte beeld.
- Sara-J. Richt zich op de vrouw als kunstobject. In zekere zin emancipatoir omdat ze de vrouw centraal stelt in haar schilderijen, soms sensueel, dan weer rauw.

Facts

- Plaats: Rembrandtplein
- Dagen: zondag, 10–18 uur (geen markt van eind oktober t/m half maart)
- Aantal kramen: 30

- Openbaar vervoer: tram 4, 9 en 14 (Rembrandtplein)
- Oprichtingsjaar: 1985
- Website: rembrandtartmarket.nl

SINGEL BLOEMENMARKT

Ooit was de bloemenmarkt in hartje Amsterdam dé plek om je wekelijkse boeketje en het jaarlijkse groen voor op het balkon te halen. Toeristen vonden dat natuurlijk prachtig, die zee van kleur en geur tussen het Muntplein en Koningsplein, en namen de boel zoetjesaan over.

Tegenwoordig hebben Amsterdammers er niet veel meer te zoeken, tenzij ze komen voor nep Delfts Blauw, cannabiszaad, bonsaipakketten, tulpen van hout en zijde, sleutelhangers, *floating animals*, pantoffelklompen en héél veel koelkastmagneten.

Bij Timmer, die als een van de weinigen stug volhoudt met snijbloemen ('Ik hou van dit vak, niet van koelkastmagneten') hangen zelfs bordjes 'verboden te fotograferen'. Foto's zijn het probleem niet, fotografen wel: die klimmen overal tussendoor, en plukken en trekken aan de bloemen voor een mooi plaatje. [RdL]

Tips

- Familiebedrijf Timmer (aan de kant van het Koningsplein) heeft mooie bloemen, waar vaste klanten nog steeds voor omfietsen.
- Verse bloemen en balkonplantjes zijn hier een uitzondering geworden, bloem- en groentezaad en een enorm aanbod bloembollen kun je er wel vinden.
- Het tulpenseizoen is een mooi moment om het stukje langs het Singel even te bezoeken en meteen vijftig tulpen mee te nemen.

Facts

- Plaats: Singel, tussen Muntplein en Koningsplein
- Dagen: maandag t/m zaterdag, 9–17.30 uur; zondag, 11–17.30 uur
- Aantal kramen: 15 overdekte drijvende marktstallen die een aantal jaren geleden kleurrijke achterkanten kregen
- Openbaar vervoer: tram 1, 2 en 5 (Koningsplein); tram 4, 9, 14, 16 en 24 (Muntplein)
- Opgericht: 1883, als bomen- en plantenmarkt

ma di wo do vr za zo   ✖ ✖ ✖

SPUI BOEKENMARKT

Het Spui is de ideale plek voor een boekenmarkt: aan het plein bevinden zich de twee beste boekwinkels van Amsterdam (Athenaeum en The American Book Center). Hier vind je geen ramsjpartijen of dozen met 'uitzoeken 1 euro'. De vereniging en stichting die de markt besturen, zorgen dat alleen professionele aanbieders van antiquarische kwaliteitsboeken een plekje krijgen. Er is zelfs een heuse commissie die potentiële marktkooplui keurt, onder leiding van de voorzitter van de Universiteitsbibliotheek. Echte specialisten zijn er maar weinig (de kramen met kinderboeken en filosofie vormen de uitzondering), de meeste boekverkopers zijn generalisten.

De goedbezochte markt bestaat sinds 1991, en wordt gefrequenteerd door schrijvers en bekende Nederlanders – Wim T. Schippers, H.J.A. Hofland, Geert Mak, Wim de Bie en Henny Vrienten zijn graag geziene gasten (en Komrij en Mulisch mochten hier tijdens hun leven graag een wandelingetje maken). Het publiek is een aangename mengeling van vaste klanten en een enkele verdwaalde toerist. [JvB]

Tips

- Henk Molenaar, recht tegenover 't Lieverdje, is een van de oprichters. Zijn kraam functioneert als hangplek voor bezoekers en boekhandelaren en informatiepunt over de markt. Ben je naar iets of iemand op zoek, dan is Henk een goed beginpunt.
- De mevrouw met het rode hoedje, oftewel Marijke Leibbrandt, een voormalige notaris die zich op haar 72e omschoolde tot boekverkoper. Zij kan fascinerend vertellen over het probleem van elke tweedehandsboekhandelaar: te veel inkopen, te weinig verkopen.
- 't Begijnhof. Ga naar binnen door de deur aan de noordzijde van het Spui, tussen The American Book Center en Café Esprit, en stap in een oase van rust, midden in het hectische centrum van Amsterdam.

Facts

- Plaats: Spui
- Dagen: vrijdag, 10–18 uur
- Aantal kramen: 25
- Openbaar vervoer: trams 1, 2, 5 (Spui/Nieuwezijds); trams 4, 9, 14, 16, 24 (Spui/Rokin)
- Oprichtingsjaar: 1991

ma di wo do **vr** za zo   ✕ ✕ ✕

WATERLOOPLEIN-MARKT

Boven de ingang van de neoclassicistische Mozes en Aäronkerk staat een beeld van Christus, de rechterhand bezwerend uitgestrekt. Volgens de kooplui zegent hij daarmee de Waterloopleinmarkt, die een beetje verstopt ligt tussen de hoge panden van de Jodenbreestraat en de Stopera.

Fietsen, bruidsjurken, kleren, huisraad; de wonderlijkste gebruikte snuisterijen zijn er te vinden. Zo begon het in 1885, zo is het nu 130 jaar later nog steeds. Koopman Ben, die al bijna een halve eeuw op deze markt staat en daarmee de stamoudste is, vindt het nog steeds de mooiste markt van de stad: 'Dit is waar het gebeurt, hier zie je het leven aan je voorbij trekken.'

De markt is er, zegt hij, als een vlooienmarkt gekomen dankzij de armoede in de negentiende eeuw. 'Er was toen geen werk, dus werd je koopman.' Hij ziet hetzelfde nu weer gebeuren. 'Half Afghanistan staat hier met een kraam. Kijk om je heen. In crisistijden verkoopt men weer tweedehands spul.' Dat kan zijn, maar Amsterdammers zie je hier nauwelijks, de klanten zijn vooral toeristen. [CB]

Tips

- Siets (58) staat er al veertig jaar, tegenwoordig aan de westkant, nabij de kerk. Hij verkoopt nieuwe schoenen, vooral Dr. Martens. Berg je telefoon op als je een praatje met hem maakt, want hij wil graag je volle aandacht.
- De Kiloshop. Onder het motto 'Vind, weeg en draag' betaal je hier vintage – juist ja – per kilo. Gooi je tweedehands ontdekkinkjes als retro T-shirts, broeken en schoenen in een mandje en laat ze wegen bij de kassa.
- Taka's Japanes Streetfood. Twee Japanners serveren lekkere gerechtjes als misosoep, takoyaki (gevulde balletjes) en ramen (noodlesoep). Amsterdam en Japan komen samen in de pannenkoekjes, een aanrader.

Facts

- Plaats: Waterlooplein
- Dagen: maandag t/m zaterdag, 9–17 uur
- Aantal kramen: 200 à 250
- Openbaar vervoer: metro 51, 53 en 54 (Waterlooplein); tram 9 en 14 (Mr. Visserplein)
- Oprichtingsjaar: 1885
- Website: waterloopleinmarkt.nl

WESTERSTRAAT STOFFENMARKT

Twee markten in een, dat kan. Elke maandagmorgen is de Westerstraat het toneel van koopjesjagers op zoek naar gordijnstof, een lap leer en damesmode. Het publiek is gemêleerd: hipsters en volksvrouwen, toeristen en Amsterdammers, allochtonen en kaaskoppen.

Om de hoek, tegen de Prinsengracht aan, ligt de Noordermarkt. De lapjesmarkt – ook wel stoffenmarkt genoemd – loopt er nog een stukje door, maar het achterste gedeelte van deze markt is ingeruimd voor brocante. Hier is het publiek overwegend blank en wat jonger.

De Noordermarkt is gespecialiseerd in prullaria, die de marktkooplui meestal opkopen bij boedelontruimingen. Voor een zacht prijsje koop je er een servies, beeldjes of een parelketting (slechts drie euro). Als de zon schijnt, is het een drukte van jewelste, bij slechter weer blijven met name op de lapjesmarkt veel kramen leeg. [AD]

Tips

- Patrick Stof staat al dertig jaar op de markt met stoffen naar eigen design. Makkelijk te herkennen aan de grootte van de kraam.
- René Blokzijl verkoopt kleding van SuzyQ, en is daarmee naar eigen zeggen de enige in Nederland. Pinnen kan, ruilen mag. Patrick is een jonkie op de markt, hij staat er pas 35 jaar. Zijn vader Cor bestiert op zijn 74e nog steeds een eigen kraam.
- Ewa Grabowski, een geboren Canadese, importeert haar tweedehands kleding zelf en heeft een neus voor kwaliteit. Ze staat op het Noordermarktdeel (aan de kant van de gracht).

Facts

- Plaats: Westerstraat en Noordermarkt
- Dagen: maandag, 9–13 uur
- Aantal kramen: Westerstraat 150, Noordermarkt 70
- Openbaar vervoer: tram 3 en 10 (Marnixplein); trein Amsterdam CS (de Noordermarkt is nog geen kwartier lopen, maar je kunt op CS ook bus 18 of 21 nemen)
- Oprichtingsjaar: 1891

Openluchtsupermarkt

'Beste markt van Nederland 2015.' De Siermarkt is hartstikke trots op haar uitverkiezing, die ook nog eens samenvalt met het vijfjarig bestaan. Nou zal de miesmacher zeggen dat dit een typisch geval is van 'Wij van wc-eend adviseren wc-eend', de prijs is namelijk uitgereikt door de CVAH, de Centrale Vereniging van de Ambulante Handel, en uitgerekend die club was de initiatiefnemer van de Siermarkt, de eerste zelfstandige markt van Amsterdam. Maar wie zijn oor bij de kooplui te luisteren legt, merkt dat de titel – die overigens alleen geldt voor de categorie kleine markten – nog klopt ook.

'Ik verdien op woensdagen meer dan mijn man die met hetzelfde spul op de Cuyp staat', vertelt Laura van La Diva Byoux. 'Dit is onze markt, niet die van de gemeente', zegt Adje van der Kroon van de aardappelhandel, 'een keer kwam een koopman dronken opdagen, die hoefde dus niet meer terug te komen.' En Fijko Arbeider van de snoepkraam beaamt: 'Hier heerst gezamenlijkheid, op het Buikslotermeerplein weet ik 's avonds soms niet eens wie er naast me stond. En ik maak hier twee keer zoveel omzet.'

De Siermarkt is een nette markt, misschien wel een beetje te netjes voor wie de romantiek van de Cuyp en Ten Kate koestert. Hier wordt het beeld niet gedomineerd door ouderwetse kramen,

maar door professionele verkoopwagens, met als topper de
13,5 meter lange wagen van visboer Heinen & Koelewijn, waar
acht man zich uit de naad werken om de kibbeling aan de man te
brengen.

Bijna alle branches zijn hier vertegenwoordigd, en minstens
zo belangrijk voor de kooplui: van elke branche staat er
maar een. 'Hier krijgen we de ruimte, daardoor krijg je een
openluchtsupermarkt met allemaal specialisten in plaats van
een vergaarbak', zegt Dennis Bastiani van de notenwagen. Op de
markt staan is voor hem maar een deel van zijn onderneming, hij
heeft twee verkoopwagens, een fabriekje, een groothandel en
een biologisch huismerk. 'Wij willen investeren, maar dan moet
je je plek later wel kunnen verkopen. En dat kan hier, zo bouw
je pensioen op.' De ondernemersgeest van de kooplui blijkt ook
uit hun reislust: ze staan door het hele land, van Barendrecht tot
Deventer en van Schagen tot Tilburg.

Verzelfstandiging is hét thema in marktland: laat de marktkooplui
bepalen wie er op hun markt staan, zeggen ze, dan komt het
allemaal goed. Overal in Nederland worden bestaande markten
verzelfstandigd, maar nog nergens vind je een markt die vanaf het
begin zo is opgezet. Dat maakte het makkelijk om met een schone
lei te beginnen: het bestuur houdt strikt de hand aan de regels
en screent nieuwe kandidaten vooraf. 'Mijn kop is te bekend', zegt
Robert van Twilllert van broodwagen 't Stoepje, 'dus ik stuur mijn
schoonmoeder om te kijken of iemand het goed doet.'

Op ras-Amsterdammer Bastiani na komen alle bestuursleden van de Siermarkt van buiten de stad: Spakenburg (driemaal), Bodegraven en Mijdrecht. En de marktmanager die ze inhuren komt van de Veluwe. Verklaart de provinciale bestuurssamenstelling het succes van de Siermarkt? Spakenburger Van Twillert, die als twaalfjarige al in auto's handelde, begint te lachen: 'Laat ik het zo zeggen, wij staan graag voor een ander klaar, dat kun je niet van iedereen zeggen.'

Bijna waren de kooplui van de Siermarkt ook op IJburg neergestreken, een halfjaar na de start ging het bestuur kijken en zag meteen brood in de nieuwbouwwijk, maar na protesten van de winkeliers trok de Siermarkt zich schielijk terug. In 2012 sprong een andere club wel in het gat, The Rock Group, maar die markt werd binnen een jaar door de rechter verboden. Vlak voor de zomer van 2015 was er een derde poging, een groep bewoners startte de markt Reuring. Zoals te verwachten liep een deel van de winkeliers zich meteen warm voor een gang naar de rechter. Misschien moesten ze eerst eens een kijkje nemen op het Sierplein, waar de winkeliers hun omzet zagen stijgen door de komst van de markt: op woensdagen maken ze sindsdien net zoveel omzet als op zaterdagen.

Voor tips en facts zie pagina 48.

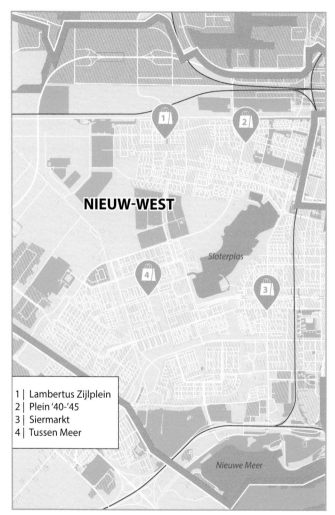

NIEUW-WEST

Sloterplas

Nieuwe Meer

1 | Lambertus Zijlplein
2 | Plein '40-'45
3 | Siermarkt
4 | Tussen Meer

LAMBERTUS ZIJLPLEIN

Twee wanden oude strokenbouw haaks op elkaar, stoere nieuwe woonblokken en een heuse woontoren, daartussen ligt het Lambertus Zijlplein met zijn maandagse marktje. Dit is het hart van Geuzenveld.

Met deze markt wilde de winkeliersvereniging het kwakkelende winkelcentrum nieuw leven inblazen. Al is Haringhandel Hans achteraf niet blij dat nu pal naast zijn kloeke gebouwtje de viskraam van Nick Visser staat met scherp geprijsde waar van de visafslag.

Het Lambertus Zijlplein is in de jaren vijftig ontworpen door de befaamde Willem Dudok en 's maandags geeft de markt er een extra mediterraan tintje aan. Sinds cameratoezicht de hardnekkige criminaliteit tegengaat, is de sfeer relaxt. De markt draait op goedkoop textiel, kooplui en klanten zijn vooral Marokkanen en Turken. Publiekstrekker is de weelderige groentekraam in het midden. Op de bankjes ernaast zitten breekbare oudjes in de zon te kletsen. [PdB]

Tips

- Hun vier kramen zijn samen net een winkel van Sinkel, met Action-achtige spullen. En al raken de Marokkaanse marktvrouwen die aan de straatstenen niet kwijt, huiselijk is het er wel. Hoe lang ze het zo nog volhouden? Ach, misschien houden ze er wel mee op.

- Rachid Assbai's kledinghandel loopt goed. Hij koopt groot in en verslaat alle concurrentie. De aanloop naar de zomer is zijn beste tijd, dan slaat iedereen cadeautjes in voor de vakantie naar het zuiden. Hollanders niet, die kopen alleen voor zichzelf.

- De knapperigste gebrande hazelnoten en nog veel meer heeft Ahmet Akyuz in zijn notenbar. Hij straalt een opgewekte rust uit. 'Mensen eten steeds meer noten. Alleen jammer dat ze zo duur zijn.'

Facts

- Plaats: Lambertus Zijlplein
- Dagen: maandag, 11–17 uur
- Aantal kramen: 127

- Openbaar vervoer: tram 13 (Lambertus Zijlplein)
- Oprichtingsjaar: 1997

ma di wo do vr za zo ✗ ✗ ✗

PLEIN '40-'45

Een markt kan een boost krijgen door de komst van nieuwe winkels en horeca. Meestal denk je dan aan upgrading, zoals De Hallen, die mensen met geld naar de Ten Katemarkt lokten. Andersom blijkt het ook te werken. Sinds Tanger, de goedkoopste supermarkt van Amsterdam en verre omstreken, samen met prijsvechter Action in het pand op de kop van Plein '40-'45 zit, trekken de bezoekersaantallen op de markt aan. Met dank aan de lage parkeertarieven – voor anderhalve euro sta je drie uur in de parkeergarage – komen mensen uit de wijde omgeving hierheen.

Vooral op donderdag en zaterdag is het druk, vrijdags is er een dip, dan is het moskeedag en blijven veel kooplui en klanten thuis voor het vrijdaggebed. De markt in Slotermeer is waarschijnlijk de meest allochtone van Amsterdam.

Groente zie je hier niet veel, textiel en stoffen des te meer. Drie paar sokken voor een euro, een geweven vloerkleed van zes vierkante meter voor zes tientjes, garen en band uit Turkije voor een euro. Alleen bij de Action is het nog goedkoper. [TvdB]

Tips

- Elk meisje wil een prinses zijn, elk jongetje een echte man. Daarom verkopen Fadima en haar zoon Achmed onder andere trouwjurken en driedelige pakken voor kinderen van nul tot vijftien jaar.
- De felgekleurde Indiase glitterjurken van Kumar doen het vooral goed bij Marokkaanse vrouwen.

Hij mag dan zelf een hindoe zijn, hij begroet zijn klanten wel voorkomend met 'as-salamoe alaikoem'.

- Exclusieve mode op Plein '40-'45? Dan moet je bij de blonde Annemarie Kuiper zijn. Speciale wensen? Ze gaat voor je op zoek. En je mag er nog onbeperkt ruilen ook.

Facts

- Plaats: Plein '40-'45
- Dagen: dinsdag t/m zaterdag, 9–17 uur
- Aantal kramen: 170
- Openbaar vervoer: tram 7 en 14

(Plein '40-'45)

- Oprichtingsjaar: 1963 (een initiatief van Jan van den Broek, de vader van Dirk van den Broek van de supermarkten)

ma di wo do vr za zo ✗ ✗ ✗

SIERMARKT

Als Slotervaart een hart heeft, dan is dat wel het Sierplein. Maar een hart en de moderniteit van de naoorlogse stad gaan niet zo goed samen: het plein ligt een beetje terzijde van de drukke Johan Huizingalaan en wordt aan drie zijden omringd door een winkelcentrum. De associatie met Lelystad of Emmen dringt zich op.

Ook de markt zelf is modern: hier overheersen grote, glimmende verkoopwagens die in een cirkel staan opgesteld, met de voorkant naar de winkels. Liefhebbers van nostalgie hebben hier niet veel te zoeken, maar dankzij het feit dat de kooplui de markt zelf besturen – ze hadden de primeur in Amsterdam – is het aanbod compleet en de kwaliteit hoog. Niet voor niets is de Siermarkt in 2015 verkozen tot Beste Markt van Nederland in de categorie kleine markten.

De vooroordelen over Slotervaart als allochtonenbuurt ten spijt zijn de klanten opvallend vaak 'Hollands'. [TvdB]

Tips

- Doll en Zo. Floor Döll haalt zijn droge worst uit Frankrijk, onder andere ezelworsten met een uitgesproken smaak. Woensdag geen tijd? Zijn neef staat vrijdag en zaterdag met dezelfde worsten op de Pekmarkt.
- D&D exotische groenten. Dennis importeert rechtstreeks uit Suriname. Wilde spinazievarianten als amsoi, dagoeblad en klaroen, maar ook ingelegd Surinaams zuurgoed.
- Aardappelen van John van der Kroon en zijn vader Adje, die vlak na de oorlog begon op het Gulden Winckelplantsoen. Regelmatig stuntaanbiedingen als twintig kilo aardappels voor 2,50 euro.

Facts

- Plaats: Sierplein
- Dagen: woensdag, 9–17 uur
- Aantal kramen: 35
- Openbaar vervoer: tram 1 en 17 (Johan Huizingalaan)
- Oprichtingsjaar: 2010
- Website: siermarkt.nl

ma di **wo** do vr za zo   ✖ ✖ ✖

TUSSEN MEER

Winkelcentrum Osdorp is sowieso al het centrum van de Westelijke Tuinsteden, maar op dinsdag heeft het een extra troef: de markt, meteen erachter. Het brede Tussen Meer met zijn vrije trambaan in het midden wordt dan omgebouwd tot twee smalle winkelpaden. De marktkramers staan met hun gezicht naar de winkels.

Elke branche krijgt hier maar een beperkt aantal kramen toebedeeld, dus het aanbod is gevarieerd. Net als de klandizie. Oudere Osdorpse echtparen doen hun wekelijkse rondje, met als vaste tussenstop de Volendammer of Spakenburger visboer en de broodwagen van 't Stoepje. Ze kletsen hier wat, maken daar een geintje. Surinamers verdringen zich voor de tropische groenteboer, die ondanks drie man personeel de drukte nauwelijks aankan. Aan het andere pad lokt groenteboer Martin Kelch zijn klandizie met 'kissies' mooie 'mangita's'. Moslimvrouwen keuren de fleurige nieuwe stoffenkraam. Een jonge loteling met parfum draait passanten charmant om zijn vinger. [PdB]

Tips

- Ongewone handel vind je bij een Purmerendse koopman, die zijn naam niet prijs wil geven. Paardebalsem, Ginseng crème, maar ook laptops en zonnebrillen, en praktisch gerei waarvan je niet wist dat je het nodig had, zoals elastische tuinslangen. Allemaal van *As seen on TV*.

- Vrolijk wappert de baby- en peuterkleding in Evelyns kraam aan hangertjes, *I'm the greatest*. Ze weet hoe belangrijk een 'mooie uitpak' is. En een praatje. Er komen minder oppasopa's en -oma's dan vroeger, dus ze broedt op nieuw publiek.

- Hij staat een beetje terzijde met zijn tafel: TheosTuin. Nee, de woorden biologisch en duurzaam wil hij niet horen. Eens per week rijdt hij in Noord-Holland kleine boeren en tuinders af. Zijn klanten proberen graag eens chioggia-bieten, tiger-aubergine of geribbelde tomaten.

Facts

- Plaats: Tussen Meer
- Dagen: dinsdag, 9–17 uur
- Aantal kramen: 76

- Openbaar vervoer: tram 17 (Osdorpplein)
- Oprichtingsjaar: 1999

Bikkelende kooplui

Al vanaf zijn tiende voorziet Marcel Onclin de marktkooplui van koffie. Vanuit café De Bult, dat zijn broers in 1965 waren begonnen, liep hij aanvankelijk met dienbladen over de markt, het karretje kwam pas later. Sinds die tijd deelt hij lief en leed met de kooplui op het Mosveld en toen de markt september 2014 naar de Van der Pekstraat verhuisde, ging hij natuurlijk mee.

Veel van de oudgedienden zagen de verplaatsing niet zitten: zouden hun klanten de nieuwe stek wel weten te vinden, waar moesten die dan hun auto kwijt? En die themamarkt op vrijdag en zaterdag, wat hadden ze daar nou aan, dat was alleen maar voor yuppen. Ook de nieuwe naam moest het ontgelden: Pekmarkt, dat was verraad aan het Mosveld.

Maar de familie Onclin zag kansen en begon een tweede café annex brasserie aan de Van der Pekstraat en vandaaruit duwt Marcel nu zijn karretje over de markt, sinds kort heeft hij zelfs verse smoothies. 'Met alle respect voor de allochtonige mensen, die yuppen en geitenwollensokken hebben meer te besteden.'

'Het is best een knappe straat geworden', geeft Bea van Dijk van Mode van Formaat toe, 'maar door de bolling van het wegdek staan we de hele dag scheef en heeft iedereen last van zijn rug en hamstrings.' Zelfs Theo Schoen, die onlangs zijn vijftigjarige jubileum op de markt vierde, klaagt erover en dat wil wat zeggen, want de pezige 73-jarige is een bikkel, die nog steeds klokslag halfzes zijn bananendozen met schoenen uit de berging op het Mosveld haalt om ze op een karretje naar de markt te duwen.

Driekwart jaar na de verhuizing zeggen veel kooplui dat ze nog niet op hun oude omzet zitten, maar tegelijk zijn ze stiekem optimistisch. Een deel van de oude klanten is dan wel weggebleven, maar er zijn nieuwe voor in de plaats gekomen: de bewoners van Overhoeks, stewardessen en piloten die logeren in het NH Hotel bij de rotonde en hipsters op weg naar De Ceuvel. Uit passsantenonderzoek blijkt dat bezoekers gemiddeld een kwart meer zijn gaan besteden.

Voorzichtig proberen de kooplui nieuwe producten uit. Zo legt sokkenkeizer Maurice te Paske tegenwoordig thermosokken van een tientje neer: 'Met zulke prijzen hoefde ik vroeger niet aan te komen.' En Marja van Kampen van de patatkraam is haar aardappels zelf gaan snijden en bakken: 'Dat trekt niet alleen studenten en toeristen, mijn oude klanten vinden het ook veel lekkerder, ze zeggen dat ik dat jaren eerder had moeten doen.'

Maar de belangrijkste vernieuwing is te vinden op het stukje ten zuiden van de kruising met de Jasmijnstraat, waar op vrijdag een kleine biologische markt staat en op zaterdag een bonte markt, met onder andere vintage, biologische producten, ambachten en een muziekpodium. Organisator Maaike Poppegaai koos bewust voor aansluiting bij de reguliere markt: 'Overal in de stad zie je losse themamarkten, maar dat zijn eilandjes van hipsters, dat is alleen maar consumeren. De Foodhallen vind ik bijvoorbeeld zo nep, ik zoek verbinding met de buurt.'

Maximaal 36 kramen kan ze op het themadeel kwijt, maar het valt niet mee om die vol te krijgen: 'Elke week bij regen en wind op de markt staan is echt wat anders dan 's zomers een paar festivals meepakken. Ik ben trots op de harde kern van bikkels die de winter heeft doorstaan.'

Feere Zuyderhoff bijvoorbeeld, die elke vrijdagochtend met een bestelbusje uit Noordoost-Groningen komt, 's nachts bij haar moeder in Amsterdam slaapt en pas zaterdagavond weer terugrijdt naar het hoge noorden. Een vetpot is het niet, toch is ze tevreden: 'Er is niks mooier dan op de markt staan, mensen vinden het leuk om te horen waar hun bloemkool vandaan komt. De boeren vinden het trouwens ook prachtig als ik vertel dat ze helemaal in Amsterdam klanten hebben.'

Ook Erik Dol, die met Franse worsten staat, is een blijvertje: 'Mensen uit Noord kopen dat worstje misschien niet, maar ze hebben een groot hart. Ze komen met koffie, een thermodeken, bemoedigende woorden.' En zo bikkelen oude en nieuwe kooplui op de Pekmarkt een bestaan bij elkaar.

Voor tips en facts zie pagina 60.

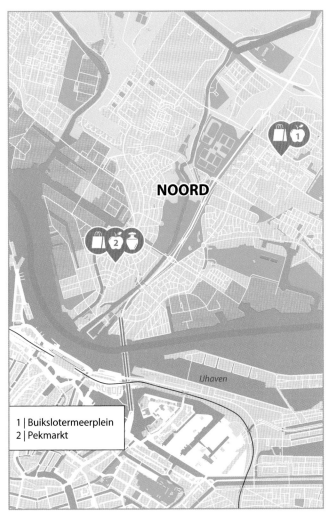

NOORD

IJhaven

1 | Buikslotermeerplein
2 | Pekmarkt

BUIKSLOTERMEER-PLEIN

Back to the future, dat is het gevoel dat je bekruipt op Buikslotermeerplein. Zo maakten stedenbouwkundigen in de jaren zestig pleinen: een gigantische parkeerplaats met betonnen gebouwen eromheen, met nog meer parkeerplekken op verhoogde dekken. De markt was dus populair bij automobilisten, totdat in 2009 betaald parkeren werd ingevoerd. De neergang zette in, anno 2015 is dit de markt met de laagste bezettingsgraad van Amsterdam: gemiddeld twee van de drie kramen blijven leeg.

Vrijdag en zaterdag gaat het nog wel, maar door de week is de spoeling dun. Visboer Henny Kwakman somt op: 'Ruud en Ed, die allebei met groente staan, Ali met douchefris, John met textiel, Hans van de dierenspullen, Youssef met alles wat goedkoop is en ikzelf.' Dat zijn dus zeven man, voor 66 kramen. Niet veel, maar je kunt er wel terecht voor de dagelijkse boodschappen en de kooplui houden vastberaden vol. [TvdB]

Tips

- Van politieke correctheid kun je de half-Surinaamse Ellen Brudet niet beschuldigen, de teksten op haar rompertjes zijn multicultureel met een aanstekelijke glimlach, ook voor Moksi Baby's. De poppen zijn hier bruin.
- Henny Kwakman: lekkere haring voor 2,10 euro, maar als hij ze niet schoon hoeft te maken, dan betaal je maar tachtig cent.
- Ruud Smit heeft een mooie groentekraam, maar nog veel mooiere babbels. Klanten die dralen met hun bestelling? 'Laat het denken maar aan mij over.'

Facts

- Plaats: Buikslotermeerplein
- Dagen: maandag t/m zaterdag, 9–17 uur; behalve maandag, 12–17 uur (zaterdags aangevuld met biologische kramen)
- Aantal kramen: 66 (maar die staan er nooit meer)
- Openbaar vervoer: bus 30, 34 en 37 (Buikslotermeerplein); vanaf 2017 de Noord-Zuidlijn (Noord)
- Oprichtingsjaar: 1973 (aanvankelijk illegaal als overloop van de Mosveldmarkt)
- Website: markt-buikslotermeerplein.nl

PEKMARKT

Noord is hip, Noord is happening. Maar dan toch vooral het smalle strookje aan het IJ, daarachter koesteren werkloze havenarbeiders en hun nakomelingen de *splendid isolation* van Amsterdams meest verguisde stadsdeel.

De twee werelden ontmoeten elkaar letterlijk op de markt sinds die in 2014 verhuisde van het Mosveld naar de Van der Pekstraat. De verpauperde straat is in al zijn vroeg twintigste-eeuwse glorie hersteld, de markt staat opgesteld op de brede middenberm. De oude Noorderlingen komen van de kant van de rotonde, daar vind je dan ook het klassieke marktaanbod: veel voor weinig. De hipsters komen met de pont en stuiten meteen op de kramen met biologische groenten en dure hapjes. En op de kop staat elke zaterdag een open podium, waar muzikanten van heel divers pluimage de verschillen overbruggen. *De mannen uit Noord* bijvoorbeeld, met 'Blijf geloven, veranderen kan.' [TvdB]

Tips

- Verse Argentijnse empanada's van Martin Guzman en Maaike Vondenhoff (vrijdag en zaterdag).
- Het overweldigende assortiment zoetwaren van Rob Arbeider en zijn vader Fijko (alle dagen van begin tot eind).
- Behang van Toon Timmers. Ook voor levenslessen: 'Een huwelijk begint met geiligheid en eindigt met verdraagzaamheid.' Kom op tijd, want na drie uur zit hij in het café.

Facts

- Plaats: Van der Pekstraat
- Dagen: woensdag, vrijdag (aangevuld met biologische markt) en zaterdag (aangevuld met bonte markt), 9–17 uur
- Aantal kramen: 138
- Openbaar vervoer: pont (700 meter lopen); bus 38 (Gentiaanstraat)
- Oprichtingsjaar: 1934 (Mosplein, in 1965 verhuisd naar het Mosveld, in 2014 naar de Van der Pekstraat)
- Website: pekmarkt.nl

ma di **wo** do **vr** **za** zo   ✗ ✗ ✗

De eeuweling

'De laatste vijf jaar zie ik het met een rotgang naar beneden gaan', zegt Huub van Eck in de recente documentaire *De maat van de markt*. Vijftig jaar staat Van Eck, die eind jaren zeventig furore maakte als de sterkste man van Nederland, al op de Dappermarkt en met een lichte trilling in zijn stem zegt hij: 'Jonge mensen lopen niet meer over de markt heen, want het aanbod is niet goed voor ze. Als dat niet verandert, dan zal deze markt verdwijnen.'

De jongste aanwinst van de markt, Ridaa Oulad Maadouma, die sinds twee maanden met olijven staat, pleit hartstochtelijk voor nieuwe producten en verkooptechnieken, maar hij zegt ook: 'Ik zie soms chagrijnige marktkooplui en dan denk ik: doe nou niet, gewoon blijven lachen, ook al regent of stormt het.'

Steeds meer kooplui staan passief achter hun kraam en hebben meer oog voor hun mobiele telefoon dan voor hun klanten. Vroeger stonden er volgens Van Eck alleen op zijn stuk van de markt al drie operazangers, tegenwoordig is het stil. De aanhoudende lokroep van Ali, die met fruit staat, is een uitzondering: 'Wie maakt me los, ik ga trouwen met een vrouw met een snor, wie maakt me los.' Ook de bijdehante Manuela, die al twaalf jaar in de groentekraam van de verlegen Arno staat en die voor iedereen een sneer, grap of groet over heeft, lijkt een relict uit het verleden. Net als de PC, de Praat Commissie, het koffiekransje van oudere buurtbewoonsters dat bijeenkomt op het overdekte terras van frietkraam De vrolijke Koster.

Voor goedkope spullen hoef je niet per se naar de markt, de concurrentie van Primark, Lidl en Action is moordend en bovendien zijn die ketens veel langer open. Contact en gezelligheid zijn essentieel, maar juist dat is lastig vol te houden als het slecht gaat met de handel. En precies dat is er, ook op de Dappermarkt, aan de hand. Volgens de officiële cijfers valt het mee: tien procent leegstand is voor Amsterdamse begrippen laag. Maar dat zijn volgens Pieter Rugaart, die al veertig jaar elke ochtend de kramen op de markt zet, geflatteerde cijfers, hij houdt het op minstens twintig procent. En bovendien: het gaat om de omzet en die keldert al jaren. 'Sinds 2006 is er over de hele linie een derde afgegaan', zegt Dimitri de Regt van de broodkraam, tevens voorzitter van de Belangenvereniging Marktondernemers Dappermarkt.

Hij is pas veertig jaar, maar hij is wel de derde generatie marktkoopman in zijn familie en vastbesloten niet het licht uit te doen: 'We staan hier al meer dan een eeuw en we gaan niet weg.' De enige kans is volgens hem dat de kooplui het heft in eigen hand nemen: de markt moet zelfstandig worden. Samen met oudgedienden van alle belangenclubs van de Dappermarkt heeft hij half april de verzelfstandigingsplannen uiteengezet ten overstaan van tweehonderd kooplui en ze kregen, aarzelend, het groene licht.

Tweehonderd is misschien een tikkie overdreven, maar een grote groep kooplui die elkaar de hersens niet inslaat, is op zich al een prestatie. Het wijst op het draagvlak dat ze afgelopen jaar hebben gecreëerd, maar ook op de bescheidenheid van de plannen: niet meteen morrelen aan de oude rechten, maar eerst een stop op nieuwe vergunningen en vooral: de markt aan het eind van de dag laten schoonmaken door de kooplui zelf. Daarmee hopen ze vier ton per jaar te besparen en dat geld willen Dimitri en zijn maten investeren in promotie en vernieuwing.

Een zelfreinigende markt klinkt logisch, maar het is een waagstuk: kooplui moeten hun collega's erop aanspreken als ze rotzooi achterlaten, een heikel punt. De Regt ziet het juist als voordeel: 'Nu kun je nog een klap voor je bek krijgen, straks hebben mensen een reden om elkaar te corrigeren. Zo kweken we de gezamenlijkheid voor de volgende stappen. Want we willen weer dé buurtmarkt van heel Nederland worden.'

Voor tips en facts zie pagina 68.

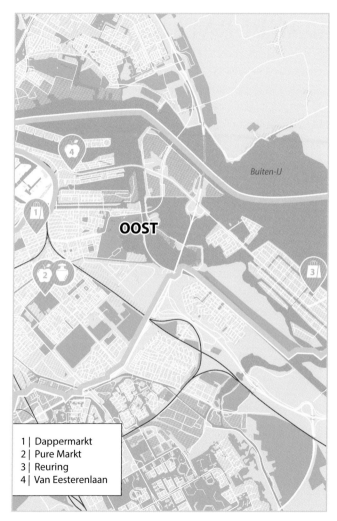

OOST

Buiten-IJ

1 | Dappermarkt
2 | Pure Markt
3 | Reuring
4 | Van Eesterenlaan

DAPPERMARKT

Oost mag dan wel hip zijn, op de Dappermarkt is daar niet zoveel van te merken. Het is een hardcore warenmarkt, die de straat bijna over de volle lengte in beslag neemt, alleen het stukje voorbij de Wijttenbachstraat blijft leeg.

Vroeger, toen de Oostelijke Eilanden nog volksbuurten waren, lag het zwaartepunt aan de kant van de Mauritskade, tegenwoordig is de andere kant populairder: dicht bij het station en de tram. Hier vind je ook de meeste Surinaamse stallen, die zelfs klanten uit de Bijlmer trekken. Maar het echte hart is de kruising met de Eerste van Swindenstraat.

In 2006 werd de Dappermarkt nog verkozen tot de beste markt van Nederland, sindsdien heeft ze het moeilijk. Door de week vallen er gaten, maar vrijdag en zaterdag is het volle bak. Verfijnd is het niet, wel goedkoop en veel. [TvdB]

Tips

- Gefrituurde *twisted potatoes* van aardappelboer Ton Koster. Net als in een pretpark, maar dan vele malen goedkoper en gemaakt van de beste aardappelen.
- Surinaamser dan de kraam van de Worstvrouw vind je ze niet op de markt. Specialiteit: *fladder*, overheerlijke worst van gekookte runderpens, zo uit de pan.
- *De maat van de markt*, een documentaire van David Djindjikhachvili en Allard Zoetman, schetst een indringend beeld van de problemen van de Dappermarkt. Te zien op YouTube.

Facts

- Plaats: Dapperstraat
- Dagen: maandag t/m zaterdag, 9–17 uur
- Aantal kramen: 250
- Openbaar vervoer: tram 3 en 7
- (Dapperstraat); tram 9 (Eerste van Swindenstraat); trein (Muiderpoortstation)
- Oprichtingsjaar: 1911
- Website: dappermarkt.nl

ma di wo do vr za zo ✕ ✕ ✕

PURE MARKT

Parkmarkt, zo had de Pure Markt ook kunnen heten, want deze markt duikt elke zondag in een ander Amsterdams park op (en gaat soms vreemd in Hilversum en Den Haag). De producten zijn voornamelijk ambachtelijk en biologisch, soms hebben ze ook nog een link naar een goed doel. En niet onbelangrijk: het is de enige Amsterdamse markt met een alcoholvergunning, dus je kunt de biologische bieren en bubbels uit Boedapest hier niet alleen kopen, je mag ze op een terrasje aan de kraam ook nuttigen.

Het publiek is hoogopgeleid en welvarend, toch zijn er accentverschillen: Frankendael trekt wat meer jonge gezinnen, in het Amstelpark komen meer ouderen en het Beatrixpark is favoriet bij expats. De waren komen van over de hele wereld, met hier en daar een streekproduct. Voor peuters draait de nostalgische zweefmolen van Menno op volle toeren. [TvdB]

Tips

- De Hollandse geitenkroket. Die wordt weliswaar gemaakt door een vegetarische kok, toch zit hij barstensvol vlees van de geiten van zorgboerderij De Klompenhoeve.
- Sieraden en bijna honderd soorten natuurkralen uit het Amazonegebied, gepolijst door lokale families – een initiatief van stichting *Favela Brasil*. Zo oogverblindend kunnen pitten, nootjes, boontjes en zaden dus zijn.
- De Amsterdamsche Zeepfabriek B.V. verkoopt biologische zepen en workshops zeepzieden voor volwassenen en kinderen. Nooit geweten dat zeep moet rijpen. De blokken zien eruit om in te bijten.

Facts

- Plaats: Frankendael (laatste zondag van de maand), Amstelpark (tweede zondag van de maand), Beatrixpark (meestal derde zondag van de maand). Check de website, met name in de winter vallen er maanden uit.
- Dagen: zondag, 11–18 uur
- Aantal kramen: 80 tot 110
- Openbaar vervoer: Frankendael: tram 9 (Hogeweg); Amstelpark: trein- en metrostation RAI (8 minuten lopen) of bus 62 (Amstelpark); Beatrixpark: tram 24 (Stadionweg)
- Oprichtingsjaar: 2008
- Website: puremarkt.nl

ma di wo do vr za **zo** ✕ ✕ ✕

REURING

Jammer dat de markt op IJburg niet gewoon IJburgmarkt heet, want een echte markt heet simpelweg naar de plek waar ze staat, zoals de Cuyp, de Ten Kate en de Pek. Maar deze markt heet Reuring. Voordeel is wel dat je geen associaties hebt met de markt die eind 2012 op het Joris Ivensplein van start ging en die binnen een jaar door boze winkeliers werd verjaagd.

In mei 2015 trok initiatiefnemer Antoinette Poortvliet de stoute schoenen aan en begon, uit het zicht van de winkeliers, opnieuw. Reuring staat aan het haventje van IJburg en is daarmee de enige Amsterdamse markt direct aan het water. Hoe dromerig wil je het hebben?

Een harde kern van negen foodkramen zorgt voor het basisassortiment, een flink deel komt uit Almere. Fritesboer Ahmed Adalaï bijvoorbeeld: 'Hier bak ik ongeschilde patatten, daar kom ik in Almere niet mee weg. En hier eten ze ook gewoon met hun handen.'

Naast food zijn er luxe producten, zoals het opvouwbare boodschappenkarretje van ontwerper Fons Sweegers. 'De duurste uitvoering kost 699 euro. Dat kan alleen op IJburg, op de Sunday Market raak ik die niet kwijt.' [TvdB]

Tips

- Het recept voor de notenburgers van *Let's Get Nuts* is ontwikkeld door Ron Blaauw. Alleszins betaalbaar omdat ze gemaakt zijn van de kruimels die overblijven.
- Jane Veenstra staat met blingbling en fairtrade. Onder andere tassen die door Cambodjanen zijn gemaakt van bouwnetten en scooterzadels. Naar Italiaans ontwerp, dat wel.
- Klantbejegening volgens het boekje bij de twee opleidingskramen van Reuring. Jongeren leren hier het vak ambulant handelaar. Het aanbod wisselt omdat ze zelf mede bepalen wat ze verkopen.

Facts

- Plaats: Krijn Taconiskade (haven IJburg)
- Dagen: zaterdag, 10–17 uur
- Aantal kramen: 20 (plannen voor uitbreiding tot 40)
- Openbaar vervoer: tram 26 (Lumièrestraat)
- Oprichtingsjaar: 2015 (voorloper 2012)
- Website: reuringmarkt.nl

VAN EESTERENLAAN

Bij de wekelijkse biologische markt aan de Van Eesterenlaan, lokaal bekend als de Zeeburgmarkt, lijkt het altijd te waaien. Hebben de marktkooplui daarom hun kramen aan de straatzijde afgeschermd met bestelauto's? Bij aankomst kijk je tegen een verzameling blik aan. Loop eromheen en het uitzicht over de weidse Ertshaven en op het KNSM-eiland maakt veel goed.

De biomarkt vormt een welkome aanvulling op het nog altijd wat schrale winkelaanbod in Zeeburg. Je vindt er alles wat je van een biologische buurtmarkt mag verwachten: een notenkraam, een mobiele EKO natuurwinkel, vlees en vleeswaren van natuurslagerij Rene Pals, brood van Le Perron en uiteraard verantwoorde kazen en verse groenten. Alleen de ouderwetse viskraam detoneert wat. Niet dat de kibbeling overigens te versmaden is.

Speciale vermelding verdienen verder de sapjeskraam ('Kalelicious', van boerenkool, pastinaak, appel en limoen) en de pizza's uit een houtgestookte steenoven. Vooral buurtbewoners bezoeken de markt. De kooplui kennen hun klanten bij naam en maken de tijd voor een praatje. [JvB]

Tips

- De baba ghanoush en de hummus van rode bieten van de Libanese Michel (Food by Michel) zijn onovertroffen. Michel schept eer in zijn werk en laat iedere bezoeker graag van zijn falafel proeven. Tekenend voor de gemoedelijkheid hier: afrekenen per pin doe je bij de aanpalende paddenstoelenkraam.
- Een uitstekende selectie paddenstoelen bij de kraam van Hans: het aanbod wisselt, maar is uiteraard op zijn hoogtepunt in de herfst. Staat zaterdags ook op de Nieuwmarkt.
- Gare de L'est. Veelgeprezen buurtrestaurant aan de Cruqiusweg (drie minuten lopen vanaf de markt) huist in een pandje uit 1901, dat ooit dienst deed als koffiehuis voor de veemarkt, het abattoir en de entrepothaven. De kok werkt met duurzame en seizoengebonden producten.

Facts

- Plaats: kruising Van Eesterenlaan en Borneolaan
- Dagen: woensdag, 9–17 uur
- Aantal kramen: 10-15
- Openbaar vervoer: tram 26 (Rietlandpark)
- Opgericht: 2009

ma di **wo** do vr za zo   ✗ ✗ ✗

Het familiebedrijf

Eind jaren tachtig strekte de Ten Katemarkt zich nog uit over
de volle 450 meter van de Ten Katestraat, helemaal tot aan
de Van Lennepkade. Langzaam kalfde ze af en inmiddels is ze
bijna gehalveerd en reikt ze door de week niet verder dan de
Kinkerstraat, en op zaterdag een klein stukje daaroverheen.
Toch is het assortiment voor een dagmarkt nog steeds redelijk
compleet.

Naast veel textiel en goedkope groente en dito fruit vind je hier
noten en bloemen, kippen en kaas, brood, vis en olijven. Je kunt
er frites, loempia's en stroopwafels eten en je hebt er nog een
paar ouderwetse specialisten als de garen- en bandkraam Zig Zag
en de kinderwagens van Baby Boem. Maar om nou te zeggen
dat het aanbod aansluit bij het trendy publiek van De Hallen, dat
zou overdreven zijn. Toch zijn de kooplui blij met de komst van
De Hallen, want 'honderd keer een euro die langskomt, is toch
honderd keer de kans dat hij wordt uitgegeven.'

   En waar hoop is, daar zijn marktkooplui en dus zie je de
bezettingsgraad van de markt weer langzaam stijgen. Vóór de
opening van De Hallen zat de Ten Katemarkt onder het stedelijk
gemiddelde, nu zit ze er net boven. Stoffenkoopman Tinus Kelch
(75): 'Als zo'n stelletje uit De Hallen op zaterdag langs mijn kraam
komt, dan heeft die man natuurlijk geen zin om te wachten als zijn

vrouw bij mij een leuk stofje ziet, maar dan komt ze dinsdag wel alleen even terug.'

Met minder dan honderd kramen is de Ten Kate een kleine, intieme markt, waar families nog een belangrijke rol spelen. Neem de familie Kelch: naast Tinus staat ook zijn vrouw met textiel. Zijn zoon Martin, die voorzitter is van de marktcommissie, handelt in fruit, net als diens vrouw en zuster. Dat zijn vijf vergunningen en aangezien je per vergunning maximaal drie kramen kunt huren, worden ze wel eens spottend 'Circus Kelch' genoemd.

Op zoek naar groente? Dan kun je bij Lex van Veen terecht, maar ook bij zijn zoon en bij zijn vrouw. Vroeger stonden er drie Marokkaanse broers Loukan op de Ten Kate, sinds een van hen overleed staan alleen Mohammed nog met olijven en 'Loeki' met fruit. Brood? Ad Straathof heeft een gloednieuwe verkoopwagen en ook zijn vrouw en zijn dochter Jolanda hebben een vergunning. Jan Koch staat met kaas, net als zijn zoons Marcel en Danny. Heintje Dekbed en zijn dochter doen samen met een vergunning, net als Ben Heisterkamp die met zijn zoon Wesley in garen en band handelt.

Niet alleen families klonteren samen, de markt is ook langs etnische lijnen geconcentreerd. Neem de handel in olijven en mezze, die is in handen van vijf Marokkaanse kooplui. Nou vullen die vijf elkaar nog min of meer aan – je kunt als klant vergelijken en kiezen –, maar de vijf Afghaanse kooplui met fietsonderdelen zijn vooral elkaars concurrenten, verwikkeld in een race naar de bodem met kettingsloten van vijf euro. Ze voeren weliswaar verschillende merken maar die komen volgens Sabur Alizada allemaal uit dezelfde Chinese fabriek en hij is de eerste om te zeggen dat het rotzooi is.

Als de marktkooplui slim zijn, dan zullen ze hun assortiment aanpassen aan de nieuwe klanten van De Hallen. Martin Kelch is optimistisch: 'We worden de beste markt van de stad, waar kooplui weer knokken voor een plaatsje.' Hij ziet al voor zich hoe de markt zijn vroegere lengte terugkrijgt, compleet met een themamarkt op het laatste stuk.

Dagdromerij? In het najaar van 2016 komt het stuk tussen de Kinkerstraat en de Van Lennepkade in ieder geval weer vol kramen te staan. Helaas komt dat niet door het plotselinge succes van de markt, maar omdat het deel van de straat waar ze nu staat opnieuw wordt ingericht. Pas als de markt terugverhuist, zullen we echt kunnen zien waartoe de Ten Kate in staat is.

Voor tips en facts zie pagina 86.

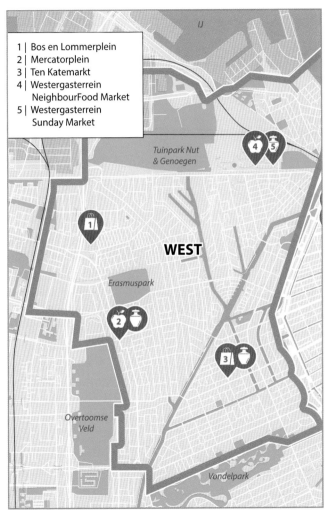

1 | Bos en Lommerplein
2 | Mercatorplein
3 | Ten Katemarkt
4 | Westergasterrein
   NeighbourFood Market
5 | Westergasterrein
   Sunday Market

BOS EN LOMMERPLEIN

Bos en Lommer mag volgens de boekjes hip & happening zijn, op de markt is daarvan niets te merken. Het is een goedkope markt bij uitstek, zowel de handelaren als de klanten zijn overwegend allochtoon.

Voeger stond de markt 'in de kuil', onder aan het talud van snelweg A10, de kooplui denken er met weemoed aan terug, want toen was het druk. Het nieuwe, verhoogde Bos en Lommerplein oogt veel chiquer, maar de loop raakte eruit omdat klanten de markt niet meer zien liggen en eerst de trappen op moeten. Vooral in het begin van de week oogt het vaak desolaat.

Toch is deze markt een bezoek waard als je het een sport vindt om goedkope groente te scoren: drie mango's voor een euro, of vier avocado's, of een hele doos paprika. Je moet wel goed knijpen, kijken en ruiken voor je iets koopt, en vooral alles snel opeten. Ook voor stoffen geldt: als je er kijk op hebt, kun je soms je slag slaan. [TvdB]

Tips

- Abdleslan Belfqih met zijn uitgebreide collectie hoofddoekjes. Hij verkoopt ook burka's, maar daar zit nauwelijks handel in.
- Claus van der Goot. Vraag naar hamsi en je gaat naar huis met prachtige verse ansjovis. Veel voor weinig.
- Omar Snack. Bestel de zelfgemaakte patat, neem plaats op het overdekte terras en verbaas je over de multiculturele aantrekkingskracht van de frituur.

Facts

- Plaats: Bos en Lommerplein
- Dagen: dinsdag t/m zaterdag, 9–17 uur
- Aantal kramen: 120
- Openbaar vervoer: tram 7 en 14 (Bos en Lommerplein)
- Oprichtingsjaar: 2004 (de voorloper op het Gulden Winckelplantsoen stond er al begin jaren vijftig)

MERCATORPLEIN

Ooit had het Mercatorplein in De Baarsjes de status van een *no-go-area*, nu is het een voorbeeldige openbare ruimte, die aan de noordzijde wordt begrensd door de Jan Evertsenstraat. Zo had zijn ontwerper Berlage het vast graag gezien.

Motor achter veel goeds in de buurt is *Geef om de Jan Eef*, een winkeliersvereniging die in 2010 samen met buurtbewoners in actie kwam na de moord op juwelier Fred Hund.

De markt begon een jaar later als een biologische weekmarkt, maar dat werkte niet, zó veryupt is de buurt nog niet.

Het was even zoeken, nu is er een maandmarkt, en het streven is dat je er de buurt kunt 'proeven'. Dus zijn er kramen voor buurtondernemers als de kaasboer en White Label Coffee en is er een 'ruimte-voor-de-buurt-kraam', waar wijkbewoners hun overtollige spullen aan de man kunnen brengen. En verder een keur aan kramen van kooplui en particulieren uit stad en land. Dat alles omzoomd door straatbanken, een strook waterspuitertjes, terrassen en de oranje paddenstoel van café-restaurant Zurich. [PdB]

Tips

- Vanuit haar vrolijk geschilderde caravan laat Odete iedereen van haar zelfgemaakte Portugese heerlijkheden proeven zoals bakkeljauwkroketjes of de fameuze *pastéis de nata* (roompasteitjes)
- De biologische groenten en dito fruit komen uit Dalfsen (achter Zwolle), van het land van Judith en Ruben.

Zo'n dertig soorten telen ze. Amsterdammers zijn daar meer aan gewend dan klanten in andere steden, merken ze.
- Voor de echte aficionado's van West zijn er T-shirts bedrukt met *De Baarsjes* en *Bos en Lommer*. En fotograaf Mildred Theunisz verkoopt haar kleurige ansichtkaarten van de buurt.

Facts

- Plaats: Mercatorplein
- Dagen: derde zaterdag van de maand (niet in november, januari en februari), 10–17 uur
- Aantal kramen: 20 tot 30

- Openbaar vervoer: tram 7 en 13 (Mercatorplein)
- Oprichtingsjaar: 2011
- Website: mercatormarkt.nl

ma di wo do vr **za** zo   ✗ ✗ ✗

TEN KATEMARKT

De Kinkerbuurt was lange tijd een Doornroosje, de populariteit van wijken als De Pijp en De Baarsjes ging aan haar voorbij en dat was te merken aan de markt: de klad kwam erin, goedkope textiel, groente en fietssloten overheersten, steeds meer kramen bleven leeg. Totdat de voormalige tramremise onder de naam De Hallen begin 2015 haar deuren opende en de buurt en passant wakker kuste. Vooral de Foodhallen trekt massa's jonge, hoogopgeleiden uit de hele stad en de verre provincie.

Langzaam ontwaken ook de kooplui op de Ten Katemarkt, de sfeer is optimistisch en sommigen passen voorzichtig hun aanbod aan. In de herfst van 2015 is de straat ingrijpend op de schop gegaan, daarna wordt de markt volgens Martin Kelch, de ongekroonde koning van de Ten Kate, 'de beste van de stad, waar kooplui weer knokken voor een plaatsje.' [TvdB]

Tips voor het randprogramma

- Local Goods Market: elke zaterdag in de passage van De Hallen producten uit Amsterdam en omgeving, georganiseerd door Pakhuis de Zwijger. Denk aan sojakaarsen, vintagemeubelen en biologisch afbreekbare poepzakjes voor de hond.
- Kanen bij Ten Kate: in de zomer op donderdag van 17 tot 21.30 uur een intiem eetfestijn met steeds wisselende restaurants. Ideaal voor wie de grootschaligheid van de Foodhallen beu is.
- Rommelmark: op zaterdag staan buurtbewoners met kraampjes op het Ten Kateplein (ten zuiden van de Kinkerstraat).

Facts

- Plaats: Ten Katestraat
- Dagen: maandag t/m zaterdag, 9–17 uur
- Aantal kramen: 98
- Openbaar vervoer: tram 7 en 17 (Ten Katestraat)
- Oprichtingsjaar: 1912
- Website: tenkatemarkt.nl

ma di wo do vr za ✕ ✕ ✕

WESTERGASTERREIN NEIGHBOURFOOD MARKET

Een fijne mix van welgestelde gezinnetjes, ouderen en hipsters bezoekt de maandelijkse NeighbourFood Market op het Westergasterrein. Laat er geen misverstand over bestaan: hier kom je niet om boodschappen te doen, maar om te proeven. Liefst samen met gelijkgestemden. Of zoals een toevallige bezoekster zegt: 'Het draait hier om voedselentertainment, het is vooral een sociaal gebeuren.'

Het aanbod bestaat uit allerhande, bijna zonder uitzondering voortreffelijke, maar prijzige hapjes van – vooral lokale – bakkers, slagers, kaasmakers, worstendraaiers, pizzabakkers, barista's en andere fanatieke foodies. Heb je je lunch – of verlate ontbijt – samengesteld, dan kun je die aan lange houten tafels oppeuzelen.

De bedenkers van de NeighbourFood Market behoorden tot de voorhoede die het concept van de Food Court – in Angelsaksische landen al langer een bekend verschijnsel– in Nederland introduceerde. Iedere week zorgt een wisselend (amateur)orkestje voor muzikale omlijsting. [JvB]

Tips

- Khinkali zijn Georgische dumplings, die lijken op de bekendere Chinese variant, maar die door Georgische kruiden een beduidend ander smaakpalet aanspreken. Ze worden ter plekke gemaakt in drie varianten: gehakt, champignons en kaas.
- De gifgroene poffertjes van de authentieke Balinese cateraar Enak Sekali zien er niet alleen grappig uit, ook hun naam tovert een glimlach op je gezicht: Ja-ja Lak-lak.
- De trend van de superfoods is alweer een beetje op zijn retour, maar dat weerhoudt het Australische echtpaar achter *Organic Açai* er niet van deze bes uit het Amazonegebied – die ze zonder enige gêne 'superfood of the future' noemen – in Nederland aan de man te brengen. Toch zijn hun smoothies, Açai Bowls genaamd, niet te versmaden.

Facts

- Plaats: Westergasterrein, zomers buiten, 's winters deels binnen.
- Dagen: derde zondag van de maand, 12–18 uur
- Aantal kramen: 20 tot 40
- Openbaar vervoer: tram 10 (Van Limburg Stirumstraat)
- Oprichtingsjaar: 2011
- Website: neighbourfoodmarket.nl

ma di wo do vr za **zo** ✕ ✕ ✕

WESTERGASTERREIN SUNDAY MARKET

Het duurt even voor je als argeloze bezoeker het concept van de Sunday Market doorgrondt. Dit is een echte 'belevingsmarkt': hier kun je nieuwe producten ontdekken. De markt afficheert zich, in navolging van die in Londen, als een podium voor ontwerpers, kunstenaars en bedenkers van voedselconcepten.

Veel standhouders staan hier niet in eerste instantie om iets te verkopen, maar om in figuurlijke zin 'de markt' te verkennen. Toch kun je er leuke dingen op de kop tikken: voornamelijk vintage kleding, keukenspulletjes en meubilair. Ook de eettentjes (paella, Libanese hummus, biohamburgers) vinden gretig aftrek, veel van die kraampjes staan overigens ook op de NeighbourFood Market, de derde zondag van de maand op hetzelfde terrein.

De sfeer is gemoedelijk, de markt wordt vooral bezocht door welgestelden en toeristen. Het leukst is om gewoon een praatje te maken met de standhouders, hun enthousiasme is aanstekelijk. Het verloop is behoorlijk, dus bij een volgend bezoek kun je je opnieuw laten verrassen. [JvB]

Tips

- The REAL winegums is nou zo'n typische Sunday Market kraam: Mireille Reuling staat hier om haar innovatieve winegums aan te prijzen, snoepjes die daadwerkelijk naar wijn smaken (Chardonnay en Merlot).
- Paella Asuncion verkoopt authentieke paella en tapas tegen schappelijke prijzen. Als je een tijdje bij de kraam blijft hangen komt het bier onder de toonbank vandaan. Er wordt hier geen woord Nederlands gesproken.
- Atelier Vix uit Amsterdam maakt met een geavanceerde lasersnijder vrolijk gekleurde, strak vormgegeven houten kinderstoelen en raketlampjes. 'Ik sta op veel verschillende markten, maar hier kom ik de meeste enthousiaste bezoekers tegen', aldus ontwerpster Francien Hidden.

Facts

- Plaats: Westerpark, zomers buiten, 's winters deels binnen.
- Dagen: eerste zondag van de maand, 12–18 uur
- Aantal kramen: ongeveer 100
- Openbaar vervoer: tram 10 (Van Limburg Stirumstraat)
- Oprichtingsjaar: 2007
- Website: sundaymarket.nl

ma di wo do vr za **zo**   ✕ ✕ ✕

Chagrijn & optimisme

Trust heet de lunchroom op de Albert Cuyp waar je zelf bepaalt hoeveel je betaalt voor je koffie en broodje, want hier wordt gewerkt vanuit liefde en vertrouwen. 'Het gaat om delen', zegt de vrijwilligster achter de toog, 'de vreugde komt uit jezelf.' Zijn ze expres op de Cuyp gaan zitten om hier wat meer zachtheid te verspreiden?

Het contrast tussen de idealistische vrijwilligers van Trust en de geharde kooplui van de Cuyp is maximaal. Tim Kruithof, een jonge koopman die net als zijn vader op de markt staat: 'D'r is zoveel misgunning hier, in je gezicht zijn je collega's aardig, maar je hebt zo een mes in je rug.'

Er is reden voor chagrijn: uit tellingen blijkt dat het aantal bezoekers sinds 2003 met zestien procent is gedaald. Toeristen, zowel uit Nederland als het buitenland, gaan nog graag naar de Cuyp, maar Amsterdammers laten het steeds meer afweten, vooral yuppen vinden de weg naar de markt niet. Zaterdag is nog steeds een topdag, maar door de week vallen de lege plekken op. Niet gek dus dat er veel wordt gekankerd. Of juist grimmig gezwegen.

De problemen van de Cuyp zijn niet uniek, maar alles komt hier scherper aan het licht door de verwevenheid van de markt met de winkels achter de kramen. De VoS, de Verordening op de Straathandel, regelt dat degene met de hoogste anciënniteit de beste plek krijgt. Op de Cuyp heb je pas na 25 jaar een vaste plaats, na nog eens 20 jaar heb je een góéde vaste plaats. Officieel moet je daar dan zelf gaan staan, maar winkeliers betalen grif voor zo'n voorportaal voor hun winkel, en de marktkoopman is 'flexibel': dan gaat hij toch in zijn kraam zitten niksen? Geen wonder dus dat een hoog nummer geld waard is, veel kooplui zien het als hun oudedagsvoorziening en 'daar blijft iedereen met zijn poten vanaf'.

Gevolg is dat de Cuyp op slot zit en dat de plannen om de markt weer in beweging te krijgen precies dát blijven: plannen. Neem het idee om de kramen met hun gezicht naar de winkels te zetten, dus met de ruggen tegen elkaar. Zo ben je in één klap van het verpachten af. Het werd in 2009 geopperd, vijf jaar later was er op zondag een 'operationele proef', het evaluatierapport was positief, maar de kooplui zijn ernstig verdeeld en de kans is miniem dat het stadsdeel doorzet.

Toch zijn er ook kleine successen te melden, met name op de 'derde markt', zoals het stuk tussen de Van Woustraat en het standbeeld van Hazes heet: er staan nu elke dag twee bakkers en sinds de vorige lente is er op woensdagen een biologisch marktje. In juli komt er aan de kant van de Van Wou een kunstwerk om de ingang van de markt beter zichtbaar te maken.

Hoe het nu verder moet? 'De gein moet terug op de Cuyp', zegt Bert van den Ende, die zowel een winkel als een kraam drijft. Hij is sinds de zomer van 2015 voorzitter van de OVAC, de Ondernemersvereniging Albert Cuyp, en hij barst van zelfvertrouwen. 'Met een marketingbureau hebben we een fantastisch plan gemaakt, waardoor er straks twee keer zoveel mensen langs de kramen komen. Als iedereen zijn geld weer kan verdienen, komt de gein vanzelf terug.'

Val hem nu nog even niet lastig met verzelfstandiging, rug-aan-rugopstelling, branchering en het afbouwen van de anciënniteit, eerst zorgen voor omzet. Branie? In ieder geval heeft Van den Ende gezorgd voor draagvlak: een ploeg van negen nieuwe bestuursleden, keurig verdeeld over de drie deelmarkten waaruit de Cuyp bestaat. En hij gelooft erin, voor honderd procent: 'We gaan bijvoorbeeld aanhaken bij Sail, de Cuyp krijgt een eigen lied en de 750 miljoenste bezoeker gaan we in het zonnetje zetten. Het dak gaat eraf.' Zo kennen we de kooplui van de Cuyp weer.

Voor tips en facts zie pagina 98.

1 | Albert Cuypmarkt
2 | Minervaplein
3 | Museum Market
4 | Stadionplein
5 | Zuidermarkt

ALBERT CUYPMARKT

De grootste markt van Nederland is het niet – de Haagse markt is bijna dubbel zo groot –, maar de beroemdste waarschijnlijk wel. Daaraan droeg ook André Hazes bij, die hier als kleine jongen op de markt stond te zingen toen hij door Johnny Kraaijkamp werd ontdekt.

Zes miljoen bezoekers trekt de Cuyp per jaar, voornamelijk toeristen. En dat komt de sfeer niet ten goede: een toerist komt maar één keer, dus die kun je gerust afblaffen – 'Amsterdamse humor, mijnheertje, om te lachen'. Bovendien verpachten veel kooplui hun kramen illegaal aan de erachter gelegen winkels, die er vervolgens een verkapte etalage van maken.

Maar ook op de Cuyp breekt het besef door dat je niet eeuwig op oude roem kunt teren. Vooral op de derde markt – het stuk tussen de Van Woustraat en de Sweelinckstraat – is sinds kort vernieuwing zichtbaar: een paar terrassen, twee bakkers en eenmaal per week een biologische marktje. Toeval of niet, maar hier staat ook het standbeeld van de kleine volkszanger. [TvdB]

Tips

- Danny en Ching Wong. Verrukkelijke sambal, die wordt gemaakt door tante Sonya (drie smaken voor een tientje).
- Waheeda Afriat (Spicy Carves). Handgemaakte sjaals die zijn opgebouwd uit lagen (vanaf 25 euro).
- Peter Bakker (Stones and bones). Opgezette vlinders, fossielen en geprepareerde beesten, voor 120 euro neem je een vleermuis mee naar huis.

Facts

- Plaats: Albert Cuypstraat
- Dagen: maandag t/m zaterdag, 9–17 uur (woensdag aangevuld met biologische kramen bij de boksschool, hoek Eerste Sweelinckstraat)
- Aantal kramen: 267
- Openbaar vervoer: tram 16 en 24 (Albert Cuypstraat); tram 4 (Stadhouderskade); vanaf 2017 de Noord-Zuidlijn (De Pijp)
- Oprichtingsjaar: 1905 (vanaf 1912 een dagmarkt)
- Website: albertcuypmarkt.nl

ma di wo do vr za zo ✕ ✕ ✕

MINERVAPLEIN

Klein tussen de strenge woonblokken van het Minervaplein staat een carré van bestelauto's en wagens. Stap naar binnen en je belandt op een Zuid-Europees aandoend pleintje met in het midden picknicktafels, een geurend Catunambú-koffiekarretje en kleine kramen met delicatessen uit Frankrijk, zelfgemaakte granola's, sappen en wijn.

Flarden Engels, Japans en Duits waaien rond. Het zijn buurtbewoners, veel expats met jonge kinderen, die hier hun wekelijkse biologische boodschappen doen, net als de welgestelde senioren uit de buurt: brood, kaas en noten, aardappels, groente en vlees. Bij de kleine kraampjes met delicatessen komen ze maar af en toe.

Initiatiefnemer Rob van den Bor van broodwagen Le Perron, is een tevreden man, al binnen het proefjaar is 'zijn' markt wegens succes uitgebreid. In lunchtijd en bij het sluiten van de markt zitten de tafels vol. [PdB]

Tips

- Madame Poulet is rondborstig als haar kippen, dertig draaien er non-stop in de grill, met twee sterren van het Beter Leven-kenmerk. De zak met kip kan zo de oven in, een klein halfuurtje op 160 graden, knapperig en sappig. Kluiven.
- Berkshire varkens van uitsterven gered door een dierenarts uit Oirschot. Zwarte varkens met fijn vlees, recht van de boerderij. Slager Frank Bunnik heeft het eigenhandig uitgesneden en staat er zelf mee op de markt.
- Zelden zo'n mooie groentekraam gezien, alles vers geoogst op De Oude Boerderij – tevens zorgboerderij – in Beverwijk, nog nooit zo'n bevlogen groenteboer ontmoet: André van den Heuvel laat zijn klanten proeven, geeft goeie tips en is altijd in voor wat nieuws. Daarom heeft hij sinds kort groene tomaten, op verzoek van een Amerikaanse klant, gewoon 's ochtends onrijp uit de kas geplukt.

Facts

- Plaats: Minervaplein
- Dagen: vrijdag, 9–17 uur
- Aantal kramen: 13
- Openbaar vervoer: tram 24
- (Minervaplein)
- Oprichtingsjaar: 2014
- Website: facebook.com/ Biologischemarktminervaplein

MUSEUM MARKET

Niet alleen de naam van deze markt is Engels, ook aan de slagzin op het spandoek komt geen woord Nederlands te pas: 'The outdoor designers market in the heart of the city'. Het is een toeristenmarkt bij uitstek, maar wel een verrassend leuke.

De kramen met rood-witte zeilen staan op het grind aan weerszijden van de vijver, haaks daarop vind je de Rolling Kitchens. De combinatie met de platanen zorgt voor een Parijse uitstraling, het lijkt net of de markt hier al decennia wordt gehouden.

Kooplui mogen hier alleen staan met producten die ze zelf ontworpen én gemaakt hebben. En daaraan wordt door de organisatoren aardig de hand gehouden. Er staan bijna geen kramen met de gebruikelijke *crap*. In plaats daarvan veel zelfgemaakte juwelen, jurken, babyspullen en recycle kunst. Schilderijen vind je hier alleen als het niet waait, anders blijven de kunstenaars weg. [TvdB]

Tips

- Bart en Leonie verwerken lp's tot opschrijfboekjes: de voorkant bestaat letterlijk uit een stuk van het vinyl (inclusief label), op de achterkant een uitsnede van de hoes. Om de nummers te beluisteren heb je Spotify.
- De Amsterdamse grachten en kanalen in de vorm van een gestileerde metrokaart. Rene van Zeggeren verkoopt dit originele souvenir als poster en als T-shirt.
- Ansichtkaarten met vulling. Ze zijn er met confetti en rijst, maar ook met echt grachtenwater en een glibberig plastic visje. Handgevuld door Darifa.

Facts

- Plaats: Museumplein
- Dagen: elke derde zondag van de maand (check vooraf de website), 12–18 uur
- Aantal kramen: 100 tot 150
- Openbaar vervoer: tram 2 en 5 (Hobbemastraat); tram 3 en 12 (Concertgebouw); tram 7 en 10 (Spiegelgracht)
- Oprichtingsjaar: 2013
- Website: museummarket.nl

ma di wo do vr za **zo** ✗ ✗ ✗

STADIONPLEIN

Het is een wat bedaagd buurtje in Zuid, waar de markt tijdelijk staat, acht minuten lopen van het Stadionplein, dat momenteel een grote bouwput is. De kramen staan langs de stoep van de Marathonweg.

Nieuwste aanwinst is AS Delicatessen, met verse hummus, zafaran aioli en andere lekkernijen. Het loopt goed, zegt het jonge mediterrane stel. Ze zijn al opgenomen in het rijtje voor de wekelijkse boodschappen – naast visboer, poelier, bakker, groenteboer, kaasboer en notenbar.

De meeste kooplui staan al vanaf midden jaren tachtig op deze markt en keren graag terug als straks het Stadionplein klaar is. Het moderne stadsleven gaat bruisen rond het Olympisch Stadion, verwachten ze. En dan staan ze met hun kramen ook weer in het vierkant, zodat ze onderling weer meer contact hebben. Is ook voor de klanten wel zo gezellig. [PdB]

Tips

- Alleen zijn wagen is al uniek in Nederland, zegt bloemenman Karel van *Cees van Klaveren* – zijn vader, inderdaad. Ze hebben er lange rijen waterbakken in laten bouwen, zodat hun weelderige handel in een handomdraai is uitgesteld.

- Een tweedehandsboekenkraam op een gewone warenmarkt? Het bevalt antiquaar Hans Streppel al twintig jaar uitstekend, de buurt is gemêleerd en leest. 'De andere kooplui vinden het een verrijking: hier kom je niet alleen voor eten en drinken, ook je geest wordt gevoed.'

- Tevreden zit mevrouw Ter Mull (82) op de laadvloer van haar rode busje, achter de uitgestalde stoffen, kussens en frutsels. Tot drie jaar terug stond haar man hier en hielp zij mee, na zijn dood is ze doorgegaan, voor haar plezier. Iedereen vindt hier wel iets van zijn gading.

Facts

- Plaats: Marathonweg (tussen Olympiakade en Olympiaweg). In 2016 keert de markt terug naar het Stadionplein.
- Dagen: zaterdag, 9–17 uur

- Aantal kramen: 52
- Openbaar vervoer: tram 16 (Haarlemmermeerstation); tram 24 (Olympiaplein)
- Oprichtingsjaar: 1984

ma di wo do vr **za** zo ✕ ✕ ✕

ZUIDERMARKT

Een coöperatieve markt die wordt aangestuurd door 26 verschillende marktmeesters, allemaal vrijwilligers bovendien, dat moet wel een amateuristische bende van jewelste opleveren. Vergeet het, de Zuidermarkt is een oase van rust en wellevendheid, een stukje Provence in Amsterdam.

De kramen staan in een kring op het vierkante pleintje in chic Zuid, in het midden banken en tafels om te kletsen en te eten. Alcohol drinken mag hier officieel niet, maar wie discreet een net gekochte fles wijn ontkurkt, wordt niet snel weggestuurd.

Uiteraard is dit een dure markt. Maar te duur voor de geboden kwaliteit? Zeker niet. Moet je dus als je te arm bent maar naar de Lidl of Dirk – gesteld dat die in Oud-Zuid te vinden zijn? Er is een alternatief: meld je aan als lid van de coöperatie, draai viermaal per jaar een halve zaterdag mee als vrijwilliger en je krijgt twintig procent korting op alle groente en fruit. Betaalbaar biologisch, ook voor niet-buurtbewoners. [TvdB]

Tips

- Eieren van wilde kalkoenen uit Zeeuws-Vlaanderen. Carla de Wit legt tot op de seconde uit hoe je ze perfect zacht kookt.
- Granola die geroosterd is in de ovens van bakker Hartog. Henny Evertman verkoopt ook honing uit het Amsterdamse Bos.
- Versgemaakte pasta met saus naar keuze. Kokkin Satka Kleijze-Cosic serveert ook biologische Bosnische hamburgers op speltbrood.

Facts

- Plaats: kruispunt van de Jacob Obrechtstraat en de Johannes Verhulststraat
- Dagen: zaterdag, 9.30–17 uur
- Aantal kramen: 24
- Openbaar vervoer: tram 16 (Jacob Obrechtstraat/de Lairessestraat); tram 2 (Cornelis Schuytstraat)
- Oprichtingsjaar: 2011
- Website: zuidermrkt.nl (dus zonder 'a')

ma di wo do vr **za** zo ✕ ✕ ✕

Exotische verdeeldheid

Zuidoost is het stadsdeel met de meeste warenmarkten, het zijn er maar liefst vier, verspreid over de week. Maar geen enkele springt er zo sterk uit, dat ze als dé markt van de Bijlmer kan gelden. De dinsdagse markt op Kraaiennest zeker niet, dat is de kleinste. De markt op het vernieuwde Anton de Komplein dan, op maandag, donderdag en vrijdag? Die mag dan als centrale markt van de Bijlmer bedoeld zijn, en ze was ook een tijdje de grootste, maar vorig jaar is ze flink ingekrompen. En zo lijk je vanzelf uit te komen bij de zaterdagse markt op Ganzenhoef, want die is bekend tot in Almere en ver daarbuiten. Maar toch is bij de kooplui een andere Bijlmermarkt het populairst en wel de meest onbekende van de vier: Reigersbos, dat niet alleen buiten de Ring A10 ligt, net als de andere drie markten, maar zelfs nog buiten de A9.

Officieel heeft de woensdagse Reigersbosmarkt een kraam minder dan Ganzenhoef, maar kooplieden vechten er om een plekje, dus is de bezettingsgraad constant hoog en staan hier de facto de meeste kramen. En belangrijker nog: het aanbod is er het compleetst. Voor Arie Tuinman, die met textiel op alle vier de markten staat, telt zijn omzet: 'Op Reigersbos verdien ik het meeste.' De onverstoorbaar glimlachende eigenaar van Buruman Productions, die reggae-cd's verkoopt: 'Reigersbos is gewoon de leukste.' En kippenboer Aalt van den Brink, die op alle

Bijlmermarkten staat behalve op Reigersbos: 'Ik zou willen dat ik er dáár tussen kwam.'

Al heel lang wordt er gepraat over één grote exotische markt in de Bijlmer, daarmee zou je mensen uit de wijde omgeving kunnen trekken. In zijn boek *Terug naar de stad* droomde Jos Gadet, hoofdplanoloog van Amsterdam, ervan om alle 'kwijnende markten' van de Bijlmer te concentreren op het Hoekenrodeplein, pal voor het nieuwe treinstation.

Oud-stadsdeelvoorzitter Marcel la Rose heeft geprobeerd de markten samen te voegen, maar hij beet zijn tanden erop stuk. Reigersbos wilde sowieso niet mee, daar ging het te goed. En op Ganzenhoef protesteerden de bewoners en een deel van de kooplui met succes. Toen bleven alleen Kraaiennest en de Anton de Kommarkt over.

Uit angst voor overlast en prestigeverlies kwam het Hoekenrodeplein als locatie niet *in Frage*, net zo min als het plein voor de ING, waar de markt ooit een paar jaar met veel succes is gehouden. En zo kwam de halfslachtig gecentraliseerde markt gewoon op het Anton de Komplein, achthonderd meter verwijderd van metro en trein. Als klap op de vuurpijl werd de centralisatie in 2014 na een actie van bewoners en een deel van de kooplui weer teruggedraaid en kreeg het inmiddels vernieuwde Kraaiennest zijn markt terug. Tenminste op dinsdag, de vrijdag bleef op het Anton de Komplein.

Kunt u het nog volgen? Waarschijnlijk niet, want de kooplui raken de draad zelf ook kwijt. Errol Chitaroe, die met textiel staat:

'Sinds de vernieuwing van de Bijlmer zijn de markten twaalf keer verhuisd. Uit onderzoek blijkt dat het vijf jaar duurt voor een markt zich goed heeft gezet. Dat zijn dus zestig verloren jaren, het water staat ons aan de lippen.' En Vikaash Moerlie van de tassen en koffers: 'Centralisatie was het beste geweest, maar als we dan toch deels terug moeten naar Kraaiennest, dan niet parallel aan de metro, zoals nu. De Centrale Vereniging van de Ambulante Handel heeft vanaf het begin gewaarschuwd dat die plek niet werkt.'

En dat is te zien. De sliert witte kraampjes onder de brute betonnen poten van de metro levert dan wel een grootstedelijke aanblik op, maar alleen de voorste kramen trekken voldoende klandizie. De ventweg voor het winkelcentrum zou een logischer plek zijn geweest. Verantwoordelijk stadsdeelwethouder Urwin Vyent wil nu voor Kraaiennest een commissie instellen van kooplui, bewoners en winkeliers: 'Eerst gaan we dié markt aanpakken, je kunt niet vier oorlogen tegelijk voeren.'

De Bijlmer blijft hopeloos verdeeld. Maar er is één voordeel: bezoek er alle markten en je krijgt eindelijk een beeld van de diversiteit van Amsterdams onbekendste stadsdeel.

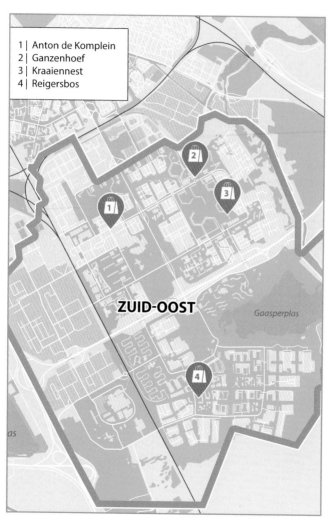

1 | Anton de Komplein
2 | Ganzenhoef
3 | Kraaiennest
4 | Reigersbos

ZUID-OOST

Gaasperplas

ANTON DE KOMPLEIN

Poort, Poortje, soms ook Amsterdamse Poort, zo wordt de markt op het Anton de Komplein meestal genoemd. Met iets meer dan honderd kramen is het geen kleine markt, maar het plein is groot, heel groot.

Het is een mooi, strak plein aan de voet van het stadsdeelkantoor, een stedenbouwkundig gebaar, zoals dat in vakjargon heet. Maar ook mooie pleinen kunnen verkeerd liggen: het Anton de Komplein ligt namelijk aan de achterkant van winkelcentrum Amsterdamse Poort, zodat je vanaf het metrostation bijna een kilometer moet lopen. En die route voert ook nog eens lang de Shopperhal, een overdekte bazaar met kleine winkeltjes, die zeker bij slecht weer klanten wegtrekt. Het Anton de Komplein is niet 'bakawoyo', zeggen de Surinaamse kooplieden. Letterlijk betekent dat 'achter de markt', en in Paramaribo is dat een positief begrip, achter de markt kun je goed zaken doen.

Maar voor klanten is de combinatie van winkelcentrum, Shopperhal en markt wel aantrekkelijk: samen bieden ze een overweldigende keuze aan exotische producten. En een mooie dwarsdoorsnede van de Bijlmer. [TvdB]

Tips

- Exotische groenten bij Mario Balhari, directe import onder andere uit Cuba. De oudste groentekraam van de Bijlmer trekt zelfs Surinamers uit België en Noord-Frankrijk.
- Bram Muys en Zonen staan met vijftien meter verkoopwagen plus een paar kramen. Onder andere kandratiki en botervis voor de Surinamers, red snapper en mahi mahi voor de Antillianen, en makreel en tilapia voor de Afrikanen.
- Kruiden uit het oerwoud bij Bibi. Ze verkoopt onder andere de 'mannenfles' met kwasibita, die je zelf bij moet vullen met rum. Werkt volgens kenners beter dan viagra.

Facts

- Plaats: Anton de Komplein
- Dagen: maandag, donderdag en vrijdag, 9–17 uur
- Aantal kramen: 108
- Openbaar vervoer: bus 41, 47 en 66 (Anton de Komplein)
- Oprichtingsjaar: 1986 (voorloper Fazantenhof in 1975)

ma di wo **do** **vr** za zo   ✗ ✗ ✗

GANZENHOEF

Veel mensen in de Bijlmer zullen je verbaasd aankijken als je vraagt naar de markt op het Annie Romeinplein. Wat meer reactie krijg je als je Ganzenpoort zegt. 'O, je bedoelt de markt van Ganzen*hoef*, zeg dat dan.'

Ganzenpoort is de naam van het nieuwe winkelcentrum, een bakstenen bouwblok dat je eerder in Almere zou verwachten dan in de Bijlmer en dat de herinnering uitwist aan het verloederde, half ondergrondse winkelcentrum Ganzenhoef, dat eind jaren negentig is gesloopt.

Aan de markt zelf veranderde, afgezien van de locatie, gelukkig niet veel. Dit is waarschijnlijk de bekendste markt van de Bijlmer: Surinamers en Antillianen uit slaapsteden als Purmerend en Almere keren hier op zaterdag terug naar hun *roots*. Verrassend genoeg staat er ook een kaasboer. Echte mannen eten toch geen kaas?

De verklaring zijn de koopflats aan de andere kant van metrostation Ganzenhoef, legt de zoon van de kaasboer uit: 'Daar wonen van oudsher veel blanken. Maar toch zet ik in Breda op een vrijdagochtend meer om dan hier op een hele zaterdag.' [TvdB]

Tips

- Jerry Boateng legt hoge stapels Yam – de grote wortelknollen uit Ghana – in zijn kraam als lokkertje. Als zijn import goed was, heb je er vier voor een tientje.
- Glimmende damesschoenen in grote maten vind je bij Muhammed Cidik, want Surinaamse en Antilliaanse vrouwen hebben nu eenmaal geen poppenvoetjes.
- Zoutvlees van slager Arie Heemskerk. Hij leerde het vak in de jaren zeventig van de eerste generatie Surinamers. Nu levert hij aan restaurants en groothandels. En zaterdags staat hij zelf op de markt.

Facts

- Plaats: Annie Romeinplein
- Dagen: zaterdag, 9–17 uur
- Aantal kramen: 135
- Openbaar vervoer: metro 53 (Ganzenhoef)
- Oprichtingsjaar: 1975

ma di wo do vr **za** zo ✗ ✗ ✗

KRAAIENNEST

In 2012 was het afgelopen met de markt die dinsdags en vrijdags op Kraaiennest stond: het stadsdeel had besloten de markten van de Bijlmer te centraliseren. En terwijl Reigersbos en Ganzenhoef met succes in verzet kwamen, gooide Kraaiennest de handdoek in de ring. De rek was eruit, het naastgelegen winkelcentrum was verpauperd en ging tegen de vlakte.

Maar het bleef knagen bij de bewoners dat ze nu helemaal naar het Anton de Komplein moesten voor hun kip, vis en groente. Ze voerden actie en kregen steun van de winkeliers in het herbouwde winkelcentrum, dat, om associaties met het verleden te vermijden, de naam Kameleon had gekregen. In 2014 was het zover, de markt keerde terug naar huis, tenminste op dinsdag, de vrijdagse markt bleef op het Anton de Komplein.

De kleinste van de vier Bijlmermarkten bevindt zich precies op het punt waar de Bijlmer zich op zijn grootst toont: de klassieke kraampjes van houten planken en wit zeildoek staan onder de hoge betonnen rail waarover de metro rijdt, iets verder ligt de grote Surinaamse moskee met uivormige koepels, 'de witte parel van de Bijlmer', en op de achtergrond krijgt Kleiberg, de honingraatflat die tegen de vlakte zou gaan, een nieuwe toekomst als klusflat. Voor liefhebbers van grootstedelijkheid is het een plááItje. [TvdB]

Tips

- Naar een zwarte kerkdienst? Bij de Ghanese koopman Kofi Adu steek je vrouw en kinderen in het nieuw, rechtstreekse import uit Engeland.
- Bij marktpoelier Sluis koop je niet alleen brave kipfilets, maar ook maagjes, levertjes, nekjes en looppoten. En voor de liefhebber zijn er slachtdooiers.
- Ghanese specialiteiten bij de Solice Catering Service. Fufu hebben ze niet, wel bijvoorbeeld waakye (vlees of vis met bonen, rijst én bami).

Facts

- Plaats: Kruitbergstraat
- Dagen: dinsdag, 9–17 uur
- Aantal kramen: 80
- Openbaar vervoer: metro 53 (Kraaiennest)
- Oprichtingsjaar: 2014 (voorloper Fazantenhof 1975)

REIGERSBOS

Is er leven buiten de ring, vragen grachtengordelbewoners en mensen die daarvoor door willen gaan, zich graag af onder het genot van een wit wijntje. Een stupide vraag, dat bewijzen de vele markten die je buiten de A10 vindt, van IJburg tot Osdorp. Maar hoe zit het buiten de grote ring van Amsterdam, de A11, die Nieuw-West, Amstelveen en grote delen van de Bijlmer omvat?

Ja, ook dáárbuiten is leven, want ook daar vind je een markt. En nog een vitale ook, want de markt van Reigersbos bedient een gebied met 30 duizend inwoners – denk aan Winterswijk of Valkenswaard – en dat is meer dan genoeg voor de best gesorteerde markt van de Bijlmer.

Vanaf CS is Reigersbos een rot eind fietsen (13 kilometer), maar met de metro ben je er in 21 minuten. De markt staat bovendien, heel handig, pal onder het metrostation.

De opstelling van de kramen is wat merkwaardig: ze staan aan weerszijden van een fietspad, met de ruggen naar elkaar. Maar met hun gezicht naar de winkels, daar kunnen ze op de Cuyp nog wat van leren. [TvdB]

Tips

- Surinaamse vlaggen 15 euro, staat op het bordje dat Buruman elke dag op zijn kraam hangt. Maar dat is nog van zijn voorgangster, hij heeft alleen reggae-cd's en posters.
- Ligia staat met zelfgemaakte zoete hapjes, zoals keksie (bruine Surinaamse cake) en fiadoe ('net zoiets als die appeltaart van jullie, maar dan met rozijnen').
- Wat de portretten van schilder annex kunsthandelaar Patrick Haman kosten, hangt af van de afgebeelde. Obama doet 600 euro, Alexander en Maxima samen 450, en een zelfportret laten maken kost 150. Afdingen kan.

Facts

- Plaats: Reigersbos
- Dagen: woensdag, 9–17 uur
- Aantal kramen: 134
- Openbaar vervoer: metro 54 (Reigersbos)
- Oprichtingsjaar: begin jaren tachtig

ZELF DE MARKT OP

Is het aantrekkelijk om zelf op de markt te gaan staan? De somberman zegt: bij nacht en ontij je bed uit, slepen met voorraden, kleumen achter je stal en wachten op klanten die niet komen. De vrije jongen (m/v) antwoordt: lekker altijd in de buitenlucht, trouwe klanten die blij zijn met je mooie spullen en als je geen zin hebt blijf je lekker thuis.

   Waarschijnlijk is het dus gewoon een kwestie van een tijdje proberen of de ambulante handel iets voor je is. Moeilijk is dat niet, duur evenmin. Voor iets meer dan honderd euro ben je *in business* en doordat de meeste markten met leegstand kampen kun je bijna overal meteen aan de slag. Op maandag en dinsdag kun je zelfs op de Cuyp als beginner terecht.

Stap 1: Ga langs bij de Kamer van Koophandel om je in te schrijven als ambulant handelaar. Je moet aangeven met welke spullen je gaat staan. Kies een lekker brede omschrijving, zoals partijhandel, tweedehands goederen, 'overige voedings- en genotmiddelen' of 'textiel, kleding en schoenen'. Eenmalige kosten 50 euro. Ben je al zzp'er? Dan kun je je ambulante activiteiten online gratis bij laten schrijven in het register.

Stap 2: Vraag een marktpas aan bij de gemeente. Daarvoor moet je met je KvK-inschrijving naar de Stopera. Je krijgt de vraag om zes markten aan te geven waar je als sollicitant aan de slag wilt, die komen op je pas te staan. Denk van tevoren na waar je het liefst zou staan en of dat reëel is (op de Lindengracht kom je er pas na jaren tussen, tenzij je een spectaculair product hebt – zie stap 4), maar maak je niet te druk: je kunt als loteling ook naar markten die niet op je pasje staan. Een pas kost 57 euro per jaar.

Er is een nieuwe Marktverordening in de maak, waarschijnlijk wordt de loteling dan afgeschaft en mag je alleen nog naar zeven markten waarvoor je je op 'de marktlijst' laat zetten. Bovendien heb je straks een pasfoto nodig. Zie voor actuele informatie: www.bit.ly/1KzqGvH.

Stap 3: Meld je om kwart voor negen op de markt van je keuze bij de markttoezichthouder, zoals de marktmeester tegenwoordig heet. Die kijkt hoeveel lege plaatsen er zijn. De sollicitant met het laagste nummer heeft het eerste recht om te kiezen, dan de volgende op de lijst et cetera (het zogenaamde anciënniteitsprincipe). Als laatste komen de lotelingen aan de beurt. Krijg je geen plek: pech gehad. Want het is die dag te laat om nog naar een andere markt te gaan (tenzij je racet en de toezichthouder van die andere markt coulant is).

Je marktgeld moet je 's morgens meteen pinnen. Voor een plaats van vier meter (dat is de meest voorkomende maat) betaal je per dag gemiddeld zo'n vijftien euro (de Ten Katemarkt is met €10,38 de goedkoopste, de Cuyp met € 19,57 de duurste). Daarnaast moet je voor de (verplichte) kraam betalen, reken op nog eens vijftien euro voor een viermeterkraam.

Stap 4: Het lukt op deze manier niet om ertussen te komen, maar je hebt wel een bijzonder product? Op aan aantal markten zijn speciale plekken waar je misschien direct terecht kunt: productstimuleringsplekken en brancheplekken. Die zijn voor iets bijzonders en vernieuwends, maar ook als je met kaas, noten, olijven, brood of bloemen komt, word je op veel markten met open armen ontvangen. Fournituren, verlichting en stoffen zijn eveneens populair. Overleg met de toezichthouder van de betreffende markt, telefoonnummers vind je op de site van de gemeente.

Met de nieuwe Marktverordening worden de mogelijkheden voor afwijkende producten verder verruimd, want dan kunnen markten met een bezettingsgraad onder de 75 procent een experimentele zone instellen, waar het anciënniteitsprincipe niet geldt.

Stap 5: Nog steeds geen plek? Of sowieso geen zin in een algemene warenmarkt van de gemeente? Er zijn een aantal 'markten op afstand', waarover de gemeente niets te zeggen heeft en waar de organisatie zelf bepaalt wie er mag staan. Dat kan een coöperatie van buurtbewoners zijn (Zuidermarkt), een bestuur van kooplui (Siermarkt), maar vaak zijn het particuliere initiatiefnemers die een markt zijn begonnen (zoals de Sunday Market, Pure Markt, Reuring en de markt op het Minervaplein). Ook het biologische hoekje dat aan een gewone markt wordt toegevoegd (zoals op het Buikslotermeerplein, de Cuyp en de Pekmarkt) valt buiten de regels van de gemeente.

Deze markten vragen in doorsnee meer geld voor de plaats en de kraam dan de gemeente, maar door het chiquere publiek zijn de omzetten meestal ook hoger. Kijk op de site van de betreffende markt naar de kosten en de sollicitatieprocedure.

Stap 6: Probeer verschillende markten uit en maak vervolgens een keuze waaraan je je voor langere tijd committeert. Dat kan ook een serie markten zijn, als je op elke markt maar een vaste dag aanhoudt.

Je moet namelijk een vaste klantenkring op zien te bouwen. Maak contact met je publiek: gezichten en voorkeuren onthouden is het minste, namen en rugnummers strekken tot aanbeveling.

Behalve een vaste dag is ook een vaste plaats belangrijk. Als je ineens twintig meter verder staat, of in een andere rij, scheelt dat omzet omdat veel klanten dan denken dat je er niet bent. Zo ontdek je vanzelf waarom juist ambulante handelaren zo gebakken zijn aan een vaste stek.

MEDEWERKERS

Jeroen van Bergeijk (JvB) is uitgever, journalist en schrijver. Doet zijn boodschappen op de Noordermarkt en de Ten Kate.

Pauline de Bok (PdB) is schrijver en vertaler. Ze gaat niet meer zo vaak naar de markt sinds ze het initiatief nam voor een buurtmoestuin in de openbare ruimte en zelf ging jagen. Eigen eten eerst dus.

Tijs van den Boomen (TvdB) schrijft als journalist over openbare ruimte en is gefascineerd door de markt. Want waar anders scoor je drie avocado's voor een euro en na afloop een biertje in Café Marktzicht?

Coen Borgman (CB) is redacteur en uitgever. Gaat graag op zaterdag naar de Ten Katemarkt voor een Vietnamese loempia en een flesje verse jus.

Jan Bos is boekverzorger en marktliefhebber. Komt letterlijk elke dag op de markt – waar ze hem kennen als Jan Boek, of Nico – om de lunch te halen voor zijn kantoorgenoten en avondeten voor zijn huisgenoten.

Aldo Dikker (AD) is freelance journalist en hoofdredacteur van *Zeggenschap*, tijdschrift over arbeidsverhoudingen. Hoewel alleenwonend, doet hij vrijwel nooit boodschappen en daardoor komt hij normaal gesproken nooit op de markt.

Remke de Lange (RdL) is filmcritica (*Trouw*), wijnschrijfster (*Vino*) en wijnmaakster, en graag te vinden op sfeervolle markten waar je boerenkaas, mooie planten en gekke groenten kunt krijgen.

Roald Triebels is grafisch vormgever en is een consequente afnemer van haring op alle markten.

Mariette Twilt is graphicredacteur en kan niet wachten om alle antiek- en curiosamarkten af te struinen die ze op de kaart heeft gezet.

Concept – Tijs van den Boomen
Teksten – Jeroen van Bergeijk, Pauline de Bok, Tijs van den Boomen,
Coen Borgman, Aldo Dikker, Remke de Lange
Eindredactie – Pauline de Bok
Vormgeving – Jan Bos
Foto's – Hollandse Hoogte
Kaartjes – Mariette Twilt
Omslag – Roald Triebels
ISBN – 9789462251496